**BARANDEGUY - DUPONT**

# UNE VOIX
# DES PYRÉNÉES

*Et dulces... reminiscitur Argos!*

PARIS
CHEZ LEDOYEN, LIBRAIRE
Palais-Royal, Galerie d'Orléans, 31.
1854

Ce Recueil n'est que le premier cahier d'un plus long

Ouvrage sur les Pyrénées.

# BARANDEGUY - DUPONT

# UNE VOIX
# DES PYRÉNÉES

Et dulces... reminiscitur Argos!

PARIS
CHEZ LEDOYEN, LIBRAIRE
Palais-Royal, Galerie d'Orléans, 31.
1854

Montmartre. — Imp. Pilloy.

# UNE VOIX
# DES PYRÉNÉES

## A BÉRANGER

Vous avez rallumé ma flamme
Qui, sans vous, allait expirer,
Vous, dont la voix parle à notre âme,
Vous qu'il est si doux d'admirer !
Vous, Béranger, dont la parole
Au poëte qu'elle console
Rend tous ses rêves de vingt ans,
Comme des cieux l'Astre sublime
Rend à la terre qu'il ranime
Le jour, la vie et le printemps !

Vous avez dit à notre Muse,
Qui trente ans vécut à l'écart,
« Pauvrette ! ta chanson m'amuse,
« Ose espérer un doux regard. »
Et, pareille à la chrysalide
Qui, brisant sa prison aride,

Se réveille enfin papillon,
Ma Muse qui s'éveille et n'ose
Dire aux fleurs sa métamorphose,
Vient éclore à votre rayon !

Que ce réveil heureux l'enchante !
On dirait qu'en volant à vous,
Sa voix s'élève plus touchante,
Que son vers s'écoule plus doux !
Que tous les élans de son être
Que votre chaud rayon pénètre
A votre nom viennent s'unir,
Comme au soleil sous la charmille,
Le rossignol et sa famille
Chantent le jour pour le bénir !

Heureux enfant de la lumière !
Vous qui n'aurez point de trépas,
Vous qui, pareil aux dieux d'Homère,
Franchissez l'Olympe d'un pas,
Ah ! votre cœur jamais, peut-être,
Dans votre ciel n'a pu connaître
Nos angoisses de chaque jour,
Quand le poëte qu'on dédaigne,
Voit, sous l'oubli, son cœur qui saigne,
Comme sous l'ongle d'un vautour !

Vous n'avez vu jamais sourire
L'Indifférence à vos concerts,
Ni l'Amitié tout bas vous dire :
« Pourquoi t'égarer dans les airs ? »

Ni sa voix, doucement barbare,
Vous prédire le sort d'Icare
Quand vous alliez vous envoler...
Et, cependant, notre souffrance
Qui se fermait à l'espérance,
Vous avez su la consoler !

Gloire à vous ! gloire à vous, Poëte !
Vous dont nos cœurs sont les échos !
Vous dont l'âme toujours reflète
L'âme du Peuple et ses héros !
Ce qu'adorait votre jeunesse
Votre foi toujours le confesse
A la face de tous les cieux !
Oui, nos vœux ardents sont les vôtres !
Vous n'avez pas, comme tant d'autres,
Renié le Peuple et ses Dieux !

« Le *Merveilleux*, *les Génies*, *les Fées*, ont hérité, dans le
« Moyen-Age, de la vénération accordée par les Pyrénées
« aux antiques divinités... le Pic d'Anie est habité par un
« Génie solitaire... Les Fées habitent dans les cavernes les
« plus ignorées, au fond des Forêts, sur le bord des Fontaines;
« il y en a au Pic de Bergons, près de Luz; elles transfor-
« ment, en un instant, en fil le plus fin, le lin que l'on dépose
« à l'entrée de leur Grotte... La nuit du 31 décembre, au
« 1er janvier, Les Fées visitent les maisons de leurs adora-
« teurs ; elles leur portent le *bonheur dans leur main droite;*
« *et le malheur est placé dans leur main gauche.* On a eu soin
« de leur préparer un Repas dans une chambre reculée, dont
« on ouvre les portes et les fenêtres... le 1er janvier, au point
« du jour ; le *Père*, l'*Ancien*, le *Maître* de la Maison, prend le
« pain qui a été présenté aux Fées, le rompt, et après l'avoir
« trempé dans l'eau ou dans le vin que contenait le vase mis
« sur la table, il le distribue à tous ceux de sa famille, et
« même à ses Serviteurs. On se souhaite alors une bonne
« année et l'on déjeune avec ce pain. » (LABOULINIÈRE : *Itinéraire des Hautes-Pyrénées*, T. 3, P. 392.)

# LA NUIT DES FÉES

ou

## LE COUVENT DE MÉDOUX.

Voyez ! le beau vallon a perdu son sourire !
Sous un frein de glaçon l'onde à peine soupire ;
Et, du val de Campan, jusqu'aux pics d'alentour,
L'hiver seul règne en maître aux rives de l'Adour !
Tout s'éteint, tout se meurt ; seulement, dans l'espace,
Entendez-vous ce son qui s'élève et qui passe ?
C'est l'Airain qui s'ébranle au Couvent de Médoux !
Minuit sonne ; et sa voix, sur l'Airain triste et doux,
S'élève lentement de la sainte demeure,
Comme une voix des nuits qui gémit et qui pleure !

Habitants du vallon ! entendez cet appel !
Voyez : l'hiver est dur ; la nuit couvre le ciel ;
Pas un arbre au dehors, pas un abri de mousse,
Que l'aquilon ne fouette et que le froid n'émousse :
Ouvrez ! l'heure a sonné ! quel serait votre deuil
Si quelque Fée en vain heurtait à votre seuil,
Quand, du pic de Bergon, et du sommet d'Anie,
Campan voit cette nuit leur troupe réunie
Descendre et vous porter, sous le toit des aïeux,
La joie et le bonheur qui rit dans leurs beaux yeux !

Ouvrez ! n'attendez pas que le froid les atteigne,
Ou qu'un gnôme méchant, en passant, les étreigne.
Ouvrez ! et laissez-les, au foyer du logis,
Chauffer leurs petits doigts que le givre a rougis !

L'appel est entendu ! Voyez cette lumière
Qui brille vers Médoux, là-bas, dans la chaumière
Où l'honnête Bertha, si dévote aux follets,
A ces hôtes des nuits vient d'ouvrir ses volets !
Près de l'âtre, où le vent s'engouffre par bouffées,
Voyez-la, se hâtant pour le repas des Fées,
Sortir d'un vieux tiroir son linge le plus beau,
Et placer sur la table, auprès d'un escabeau,
Le pain de pur froment, le miel de ses abeilles,
Le laitage épaissi dans le jonc des corbeilles.
Si son époux vivait ! l'ardent chasseur d'Isard !
Aux dons de son hôtesse il eût joint pour sa part,
La fraîche venaison que le chasseur dépose...
Mais sa veuve aujourd'hui qui de si peu dispose,
Du nocturne repas bornant là les apprêts,
Vers la chambre à côté, s'éloigne à pas discrets ;
Car la Fée, en entrant, n'admet à ses mystères
Que le grillon, ami des foyers solitaires ;
Et Bertha ne doit plus, qu'au rayon du matin,
Rompre le pain du pauvre, offert à ce festin !

Et sa voix murmurait : « Blancs Esprits des vallées !
« Des coteaux, des grands monts, des grottes reculées,
« Vous qui, le front penché le soir, près des ruisseaux,
« Mêlez un chant plaintif au murmure des eaux ;

« Vous qui changez soudain, en trames les plus fines,
« Le lin qu'on pose aux bords de vos grottes divines,
« Blancs Esprits qui, vers nous, descendez cette nuit,
« Ne daignerez-vous pas visiter mon réduit?
« Mes présents ne sont rien; mais au pauvre on pardonne
« Lorsque, le peu qu'il a, c'est le cœur qui le donne.
« Vous qui gardez du vent le nid à peine éclos,
« Écartez le malheur de mon petit enclos;
« Gardez qu'un maître altier jamais ne m'en dépouille;
« Et jetez un regard sur mon humble quenouille!.»

Ainsi priait Bertha; mais voilà qu'à l'instant,
Vers la chambre, près d'elle, un bruit confus s'entend!
Ce sont les Déités!... Bertha se signe et tremble;
Lorsqu'une voix, pareille au zéphir dans le tremble;
« Bertha! le bien qu'on fait mérite seul nos dons :
« Approche; et prends des mains que vers toi nous tendons
« Comme un oiseau tombé des dernières couvées,
« Ce dépôt que, plus tard, réclameront les Fées! »

Et Bertha, qui se trouble au son de cette voix,
Approche, hésite encor, se signe par trois fois,
Regarde et, tout d'abord, dans la chambre voisine
Cherche, et ne voit, auprès du flambeau de résine,
Que les mêmes apprêts; la table, le foyer
Où le grillon lui seul chante pour s'égayer;
Mais avançant encor sa tête qu'elle penche,
Elle voit à l'écart... comme une écharpe blanche!
Sa main court la saisir... mais que devint Bertha
Quand le tissu léger sous sa main s'écarta

Et fit voir à ses yeux, près du feu qui pétille,
Un enfant nouveau-né, toute petite fille,
Qui dort dans son berceau, par son souffle agité,
Comme un bouvreuil au nid que sa mère a quitté !
Et Bertha, cette fois, ravie et non craintive,
L'œil fixé sur l'enfant qui déjà la captive :
« Bel enfant ! » lui dit-elle, en le berçant tout bas ;
« Si ton sort, parmi nous, t'exile sur mes pas,
« Que les filles de l'air entendent mes promesses !
« Je ne faillirai point à mes blanches hôtesses,
« Et toujours, sous tes pieds, ma vigilante main
« Écartera, pour toi, la ronce du chemin ! »
Et l'enfant, à sa voix qui doucement soupire,
Comme s'il eût compris, s'éveilla pour sourire,
Et, longtemps dans la nuit, tout l'essaim des Esprits
Effeuilla ses pavots sur ce riant pourpris !


Mais ton bonheur, Bertha, demain comment le taire
Au Prieur de Médoux, ton confesseur austère,
Qui blâma, tant de fois, au tribunal de Dieu,
Tes faciles bontés pour les esprits du lieu ?
Que lui dire ? et pourtant, au blanc lever de l'Aube,
Sous les murs du couvent, sa marche elle dérobe,
Cachant entre les plis de son brun capulet
Tout son bien désormais... ce cher enfantelet !
Elle entre : et, rouge encore de bonheur et de honte,
Devant l'homme de Dieu sa veille elle le raconte ;
Mais le grave Prieur, sans lui reprocher rien,
Lui sourit, au contraire, en lui disant : « C'est bien ! »

Puis, pour laver l'enfant de l'antique anathème,
Lui-même il le reçut aux ondes du baptême.
Pour lui trouver un nom, d'abord il hésita...
Et Berthe il la nomma du doux nom de Bertha !

Son nom ! donner son nom à l'enfant blanc et rose
Qu'en pur esprit des cieux ce nom métamorphose !
Voir jouer, voir grandir sur ses genoux pesants
Ce jeune et frais espoir promis à ses vieux ans,
C'était trop de bonheur !... Mais d'abord quelle mère
Viendra nourrir l'enfant, hôte de la chaumière?
La chèvre de l'étable, une chèvre au poil blanc,
Lui prodigua son lait, doux nectar de Campan !
Et quand ce blanc nectar tarissait sous sa lèvre,
On disait qu'une Fée, en place de la chèvre,
L'allaitait en secret du lait de son amour ;
Mais Bertha restait triste alors pour tout le jour
En songeant que la Fée, invisible nourrice,
Qui lui légua l'enfant, peut-être par caprice,
Par caprice pourrait lui reprendre ce don ;
Et comment vivrait-elle après cet abandon !...
Puis, un souris de Berthe emportait sa tristesse.

Que nos ans, cependant, courent avec vitesse !
Cette petite enfant dont j'ai dit le berceau,
Pas plus grand qu'une conque ou le nid d'un oiseau,
Comme le blanc ramier qui brise sa coquille,
La voilà maintenant, la grande et belle fille,
A qui les jours, les mois, comme un jour révolus,
Ont compté ses quinze ans et peut-être un de plus !

La voyez-vous charmante, au retour de matines,
Avec tous ses attraits et ses grâces mutines,
Dans le clos du jardin qui borde le Couvent
Courir, aller, venir, ses longs cheveux au vent,
Dire un joyeux bonjour à ses fleurs, à ses treilles,
A ses ramiers voisins, à ses jeunes abeilles?
Regardez! son Eden est là, dans ces rosiers!
Que lui dit le zéphir sous ces frais aliziers?
Rien encor; car son cœur s'ignore encor lui-même,
Et sa mère Bertha seule lui dit: « Je t'aime! »
Ou si, vers le Couvent, quelque beau Damoisel,
Page de noble dame, et portant son missel,
D'un peu d'amour, d'un peu, bien tendrement la prie,
La voyez-vous, farouche et non pas attendrie,
Vers son doux Paradis d'où tout autre est banni,
S'enfuir toute tremblante en lui disant: « Nenni! »
Ainsi la belle enfant qui fuit et se dérobe,
Croissait comme un beau jour qui suit une belle aube,
N'ayant plus au bonheur qu'à répondre : « Merci! »
Mais la pauvre Bertha n'était pas sans souci.
Comme au bord de son nid la fauvette qu'effraie
Le moindre bruit de l'air qui tremble dans la haie,
Ainsi Bertha, toujours au guet dans son enclos,
Tremblait pour ce doux fruit d'une autre mère éclos.
Et cependant le Temps, ce vieillard qui chemine,
Jamais de tant de biens ne dota sa chaumine!
On eût dit qu'à l'envi tous les Esprits des airs
Se partageaient entre eux tous ses emplois divers,
Au dedans, au dehors, à l'étable, à la grange;
L'un replaçait d'abord ce que l'autre dérange;

Que de fleurs au jardin ! de fruits sur les pommiers !
Que d'œufs toujours éclos au nid de ses ramiers !
Eh bien ! ce bonheur même ajoutait à sa crainte ;
Car les gentils Follets qui peuplaient son enceinte,
Pouvaient, pour la lui prendre, à sa jeune Péri,
Vanter les beaux soleils d'un climat plus chéri !
Alors il lui semblait, sous l'eau de la fontaine,
La voir fuir, à ses yeux, comme une ombre incertaine ;
Ou, loin du petit banc qui la voyait s'asseoir,
S'envoler tout à coup sur les vapeurs du soir...
Hélas ! si cette crainte eût été la dernière !


Vous connaissez Médoux aux confins de Bagnère,
Ce paisible Médoux au feuillage mouvant,
Et son parc, et ses murs qui furent un couvent,
Et son haut châtaignier portant si haut sa tête,
Et le ruisseau fuyant de sa Grotte secrète,
Et qui va tout à coup, par un brusque détour,
Si près de son berceau, se perdre dans l'Adour ?
Sous cette Grotte, alors de branches étouffée,
Vaguait, à certaine heure, une invisible Fée ;
Bertha, pour tout au monde, eût craint d'en approcher ;
Mais la folâtre Berthe accourait s'y cacher...
Bientôt d'étranges bruits glissaient dans la ramure...
Étaient-ce les soupirs du ruisseau qui murmure ?
Je ne sais ; mais quand Berthe accourait, en sortant,
Et que Bertha, le cœur de crainte haletant,
Se hâtait, pour connaître un secret qui la touche,
Berthe posait soudain son doigt blanc sur sa bouche,

Et Bertha comprenait, non sans se désoler,
Que les Esprits jaloux l'empêchaient de parler!


Mais Berthe, jusqu'alors plus vive, plus folâtre,
Que le Follet des nuits qui sautille dans l'âtre,
Berthe dont nul souci n'avait pâli les traits,
Déjà vers ce berceau porte ses pas distraits.
Vainement ses pigeons, ses blanches tourterelles,
Attendent son appel du haut de leurs tourelles;
Leurs jeux, à ses regards, ont perdu leurs douceurs;
Sa bouche ne dit plus à ses roses : « Mes sœurs! »
Et Bertha tristement lui répétait : « Charmante!
« Qu'as-tu? quel est ce mal qui tout bas te tourmente?
« Parle; serait-ce point quelque gnôme méchant
« Qui t'aurait tout à coup fait peur en approchant?
« Parle; le saint Prieur qui connaît leur malice,
« Par l'austère vertu de son humble cilice
« Et ce nom du Très-Haut dont l'effet est certain,
« Saura bien t'affranchir d'un trop hardi Lutin. »
Et Berthe, pour calmer la bonne et tendre vieille,
Cherchait à s'égayer, comme elle eût fait la veille;
Mais sa gaîté n'était que l'éclair d'un moment;
Berthe alors, pour pleurer, s'éloignait tristement,
Et Bertha qui la voit : « Hélas! se disait-elle;
« Sylphide elle s'ennuie au sort d'une mortelle!
« Comment se plairait-elle à nos jours de douleurs?
« Le soleil de nos jours n'est que l'ombre des leurs!
« Le papillon, honteux de sa forme première,
« Brise son enveloppe et cherche la lumière;

« Et de l'arbre, où flottait le nid du rossignol,
« L'oiseau chante à l'aurore et prélude à son vol.
« Pauvre Ame ! Ainsi les airs sont ta douce patrie ;
« Hélas ! il te souvient du pays de féerie ! »

Mais Berthe cependant, atteinte au fond du cœur,
Sentait, de jour en jour, s'accroître sa langueur ;
Avez-vous vu jamais, quand des airs elle tombe,
Sous le plomb du chasseur s'abattre une colombe ?
La Pauvrette qui veut et ne peut plus courir,
Dans le creux du sillon se cache pour mourir :
Ainsi Berthe, pour fuir sa vague inquiétude,
Sans pouvoir fuir son cœur, cherchait la solitude.
Mais quel est donc ce mal dont son cœur est miné ?
Bertha crut un moment avoir tout deviné ;
Et son espoir craintif emmiellant son langage :
« Pourquoi rougir d'aimer ? c'est la loi de ton âge ;
« Vois ; la vigne s'enlace aux branches de l'ormeau ;
« L'oiseau cherche l'oiseau sous le naissant rameau ;
« Et, sous nos humbles toits, qui donc ne serait fière
« En te donnant son fils, de s'appeler ta mère ? »
Mais Berthe, au seul soupçon qu'elle aimât un pasteur,
Relevait tout à coup sa tête avec hauteur ;
Et déjà tout l'orgueil d'un sang qui se mutine
Venait plisser sa lèvre et gonfler sa narine.

Mais sa mère a raison ; Berthe a beau se fâcher ;
Si son cœur est trop fier pour aimer un berger,
Elle aime ; ou bien pourquoi ses larmes étouffées ?
Pourquoi ses rendez-vous dans la grotte des Fées ?

Pourquoi, lorsqu'elle sort du magique Séjour,
La surprend-on rieuse, ou triste, pour le jour?
Pourquoi ce nom, tout bas, qui la charme ou l'irrite ?
Pourquoi, dis-je, effeuillant la fleur de marguerite,
A son dernier fleuron qu'elle arrache soudain,
La voit-on dire: « Il m'aime ! » et bondir comme un dain
Oui, Berthe aime d'amour ; mais qui donc aime-t-elle ?
Un berger, c'est trop peu pour la jeune Immortelle !
Mais si, vers cette Grotte, un Sylphe aux blonds cheveux
Avait déjà reçu ses timides aveux?
Si le céleste Époux attend sa Fiancée?
Si, par un beau matin, dans les airs balancée,
La jeune Reine, aux yeux d'un peuple de lutins,
S'enlevait, comme un rêve, en leurs palais lointains?...
Ah ! pour Bertha déjà c'était plus qu'une crainte !
Le saint Prieur pourtant, souriait à sa plainte ;
Et Bertha ne sachant désormais qui prier,
Se disait tristement : « Ils vont la marier ! »


Dès lors tout son bonheur disparut comme un rêve.
La vague qui gémit, en mourant sur la grève,
Le rossignol qui pleure et raconte aux échos
Ses petits arrachés du nid à peine éclos,
Rien de ce pauvre cœur n'égala les tristesses.
Alors, les yeux levés vers ses blanches hôtesses :
« Cruelles ! disait-elle ; ah ! reprenez vos dons !
« Sous mes toits embrâsés promenez vos brandons,
« Puisque ma seule attache aux biens de cette vie,
« Par vous que j'honorais me doit être ravie ! »

Et ses larmes coulaient ! Mais Berthe au même instant,
Accourait, l'embrassait, pleurait en l'écoutant;
Et, comme un flot mutin qui vient et se retire,
Vers la Grotte, en fuyant, elle entrait sans rien dire,
Puis revenait tout bas, puis s'éloignait encor,
Pareille au jeune oiseau qui va prendre l'essor,
Et qui, nageant dans l'air, d'une aile encor rebelle,
Se rejette, en tremblant, au nid qui le rappelle !


Mais un jour... ô malheur plus dur que le trépas !
Bertha cherche sa fille et ne la trouve pas !
Un noir pressentiment sur son âme retombe...
A-t-elle fui du nid la volage colombe ?
A-t-elle fui ? Mais non ! Bertha craint d'y songer ;
Elle vole, en tremblant, du jardin au verger,
Du verger au jardin ; cherche, interroge, écoute...
Son malheur trop réel ne permet plus de doute !
Oh ! comme sa chaumine où riait l'humble seuil,
Se remplit à ses yeux de silence et de deuil !
Comme ses beaux ramiers, descendant par volées,
Couraient lui demander, épars dans les allées,
La Fée à l'œil si doux qui venait, le matin,
Éparpiller la graine offerte à leur festin !
Comme tout cet Éden, cette onde qui murmure,
Tous ces chuchotements de l'air dans la ramure,
Semblaient redire au loin, de l'arbuste à la fleur,
« Où donc est sa jeune Ève ? où donc tout son bonheur ? »
Hélas ! on aurait cru, tant chacun la regrette,
Qu'un Enchanteur méchant, d'un coup de sa baguette

Suspendait de ces bois l'harmonieux concert ;
Que le bonheur s'envole, et tout devient désert !
Mais d'un dernier espoir tout à coup emportée,
Bertha vole au jardin, vers la Grotte enchantée
Où Berthe, dès le jour, vient peut-être d'entrer ;
Elle arrive, et d'abord tremblant d'y pénétrer.
Sa douleur, du dehors, lui criait éperdue :
« Berthe ! Berthe ! réponds ! m'as-tu pas entendue ?
« Parais ! viens dans mes bras ! réponds-moi seulement !
« Peux-tu donc me laisser dans cet isolement ?
« Mais t'arracher à moi, c'est m'arracher la vie !
« Méchante ! par qui donc serais-tu mieux servie ?
« Qui mieux que sur mon sein pourra donc te bercer ?
« Mais peut-être, après tout, j'aurai pu t'offenser...
« Pardonne à mes vieux ans ! la vieillesse est morose ;
« Reviens ! reviens à moi, mon doux bouton de rose !
« Ma mignonne, reviens ! hélas ! c'est trop souffrir !
« Berthe ! tu ne veux pas me voir ici mourir ? »
Mais tandis qu'au dehors elle prie et sanglote
On eût dit qu'une voix, du profond de la Grotte,
La voix même de Berthe, avec l'écho du lieu,
Lui disait en fuyant : « Adieu, ma mère ! adieu ! »
Et Bertha s'élançait, dépouillant toute crainte...
Quand tout à coup, au seuil de la magique enceinte,
Le grave et saint Prieur apparaît à ses yeux,
Lui disant : « Dieu le veut ! » et lui montrant les cieux !

C'en est fait ! son aspect lui dit tout le mystère !
Plus de doute ! du ciel, ce confesseur austère,

Ayant épié Berthe et ses doux rendez-vous,
Rallumant à l'autel ses foudres en courroux,
Sera venu, contraint par le Ciel qui réclame,
De son beau Paradis chasser cette pauvre âme !
De là ce cri de Berthe au moment de partir ;
De là son triste adieu qui vient de retentir !
« Mon Dieu ! » songeait Bertha, toujours plus désolée,
« Mon Dieu ! la voilà donc de la terre exilée
« Au séjour des autans, des foudres, des frimats,
« Parmi ces cieux muets qu'elle ne connaît pas !
« Parmi tous ces lutins, peuple plein de malice,
« Qui n'a, pour se régir, de loi, que son caprice,
« Et dont l'amour, bientôt, se transforme en mépris !
« Et je ne pourrai plus accourir à ses cris !
« Et je ne pourrai plus, soutenant son corps frêle,
« Chauffer ses petits pieds tout meurtris par la grêle !...
« Mais de ce corps charmant s'ils ont pu la bannir,
« Son esprit invisible au moins peut revenir !
« Viendras-tu point à moi, Berthe, ma bien-aimée,
« Me murmurer ton nom à travers la ramée ?
« Viendras-tu point, tout bas, au déclin d'un beau jour,
« Revoir ta pauvre mère et ton premier séjour ? »
Puis, à ce faible espoir, un moment soutenue,
Elle prêtait l'oreille au souffle de la nue
Quand, vers les monts voisins, le beau sylphe Obéron
Appelait chaque Fée, au bruit de son clairon ;
Elle espérait toujours, qu'à sa cour échappée,
Berthe viendrait sourire à sa douleur trompée !
Mais non ! rien ne venait ! les airs étaient sans voix ;
L'Oiseau seul, en fuyant, gémissait dans les bois !

« Aux bras de son beau Sylphe, hélas ! elle m'oublie ! »
Songeait alors Bertha, dans sa mélancolie ;
Et son cœur débordait de ses larmes trop plein !...
Mais déjà les beaux jours penchaient vers leur déclin ;
Dans l'enclos désolé le ruisseau de la Grotte
Roulait, en frissonnant, son onde qui sanglote,
Et l'Automne, expirant sous un ciel sans chaleur,
Effeuillait sa guirlande et sa dernière fleur !


C'est l'hiver ! c'est minuit ! c'est la nuit où les Fées
Visitent le vallon, agitant leurs trophées !
Aussi, comme Bertha, quand l'airain dit : « Minuit ! »
Entr'ouvre, en se hâtant, le seuil de son réduit !
« O ma blanche Péri ! reviens, murmurait-elle ;
« Le grillon du foyer lui-même te rappelle !
« Viens ! ton bonheur quinze ans s'assit à ce foyer ;
« Mon nom fut le premier que tu sus bégager ;
« Vois donc ! pour ton accueil, tout prend un air de fête ;
« Déjà le feu pétille et la table s'apprête !
« Si tout regard mortel t'offense ou te déplaît,
« Ne crains rien ; je saurai baisser mon capulet,
« Je tiendrai mes yeux clos ; j'étoufferai ma plainte,
« Quand mon vieux cœur devrait se briser sous l'étreinte ;
« Mais une fois encor, colombe du hameau,
« Reviens poser ton aile où posa ton berceau ! »
Et la blanche Péri qu'évoque sa prière,
Dans les airs airs assoupis semblait lui dire : « Espère ! »

Espérer ! songeait-elle : hélas ! mais quel autel
N'a vu monter sa voix vers la Reine du ciel,
Qui, jadis éprouvée à nos peines amères,
Entend pourtant là-haut tous les soupirs des mères !
Pauvre Bertha ! tes vœux se sont-ils exaucés ?
Tous les pleurs de tes yeux ne sont-ils pas versés ?
Son deuil se mêle au moins au deuil de la nature ;
Mais quand le Renouveau (1), le front ceint de verdure,
Éveillant le bourgeon sur l'aubépine en fleur,
Vint rajeunir le monde à sa tiède chaleur,
Lorsque tout ne fut plus qu'amour et qu'allégresse,
Ah ! ce bonheur de tous, montrant mieux sa détresse.
Elle disait aux fleurs : « A quoi bon vous rouvrir ?
« Celle que vous cherchez ne vous voit plus fleurir ! »
Elle disait aux bois, à l'oiseau qui s'éveille,
Au printemps parfumé des dons de sa corbeille :
« Pourquoi me rappeler des jours trop pleins d'attraits ?
« Laissez-moi ; votre joie insulte à mes regrets !
« Et vous, méchants lutins, pour qui son cœur m'oublie.
« Qui ricanez là-bas, sous la branche qui plie,
« Quand, parfois, un zéphir, en traversant l'enclos,
« S'enfuit, pour vous porter ma plainte et mes sanglots,
« Ah ! dites-lui du moins, dites à la volage
« Que je meurs de sa perte, et non du poids de l'âge...
« Mais non ! vous vous tairez !... et pourtant ces vieux os
« Tressaillerait encor dans leur dernier repos,

---

(1) Nom que les anciens fabliaux donnent au printemps.

« Si l'ingrate, un moment, sur ma cendre penchée,
« Venait fouler la tombe où je serai couchée ! »


Pauvre, pauvre Bertha !... Mais voilà qu'un matin,
Sur le seuil de la Grotte elle a cru voir soudain...
Ce n'est pas une erreur... Dieu ! c'est Berthe elle-même,
Abandonnant sa main au beau Sylphe qu'elle aime,
Tendre, les yeux noyés d'espérance et d'amour !
Tous les lilas en fleur s'inclinaient à l'entour ;
L'Oiseau chantait plus bas ; l'onde à peine soupire ;
D'indicibles langueurs chargeaient l'air qu'on respire ;
Et le beau couple alors, vers Bertha s'avançant,
Vint fléchir le genou près d'elle, en rougissant ;
Et Bertha croit rêver... et son regard hésite...
Quand le grave Prieur qui marchait à leur suite,
Et qui paraît lui-même à ses regards troublés,
Souriant à Bertha, lui dit : « Bénissez-les !..
« Cette enfant, en naissant à notre vie amère,
« Sans vous, tendre Bertha, n'eût jamais eu de mère ;
« Blanche de Montpézat, en lui donnant le jour,
« Remit seule en mes mains ce fruit de son amour ;
« Elle mourut... et moi, pour cacher l'Orpheline
« A l'avide Parent qui tramait sa ruine,
« A mon tour, en secret, je la mis dans vos bras,
« Bien sûr que votre amour ne lui manquerait pas ;
« Puis, naguère, en ces murs la croyant poursuivie,
« Pour vous la rendre encor, mes mains vous l'ont ravie.
« Mais ce parent n'est plus, Berthe a repris ses droits ;
« Regardez ! son beau Sylphe est un mortel, je crois !

« Ce noble chevalier, à qui, par la pensée,
« Sa mère, en expirant, jadis l'a fiancée,
« C'est Gaston de Béarn, promis à son hymen,
« Et qui vient aujourd'hui vous réclamer sa main !
« Bénissez-les, vous dis-je, et que le Ciel lui-même
« Bénisse, en l'approuvant, mon heureux stratagème ! »

Comme au premier moment qui suit un long sommeil,
Quand les sens étonnés doutent de leur réveil,
Ainsi Bertha ravie, et quelque peu confuse
De tous ces Songes vains où son esprit s'abuse,
Comprit, en abjurant leur prestige menteur,
Que l'honnête Prieur fût le seul Enchanteur !
Mais la Sylphide, hélas ! devenait grande dame,
Et peut-être... un nuage a passé sur son âme !
Mais Berthe qui là suit de ses yeux caressants,
Qui peut payer, d'un mot, tout ses soins de quinze ans,
Bien loin de rougir d'elle et de l'humble chaumière,
Se jeta dans ses bras en lui disant : « Ma Mère ! »

## HYMNE A BAYONNE.

*Et dulces... reminiscitur Argos.*

Bayonne ! cher pays où j'ai vu la lumière !
Comme un fils exilé qui revient vers sa mère.

Je te dois compte encor des jours que tu me fis ;
Et je viens, t'apportant ma goutte d'ambroisie,
Réclamer pour ma Muse un droit de Bourgeoisie
  Dont s'enorgueillissent tes Fils !

Bayonne ! à ton amour, oui j'ai droit de prétendre...
Hélas ! de tous les miens tes murs gardent la cendre !
Si j'ai fui ton beau ciel pour des soleils moins beaux,
Ne suis-je pas à toi par mon droit de naissance,
Par le droit du malheur que n'éteint point l'absence,
  Par le droit sacré des tombeaux ?

N'est-il pas vrai, beaux lieux, lieux charmants où la Nive
Mariant à l'Adour son onde fugitive,
Vient baigner vos remparts d'un flot toujours mouvant,
N'est-il pas vrai, beaux lieux dont le nom seul m'inspire,
Qu'à mon berceau jadis vous daignâtes sourire,
  Que je suis toujours votre Enfant ?

Ah ! devant ce beau ciel, qui n'eût été poëte !
Qui n'eût avec orgueil porté plus haut sa tête
Devant ces murs guerriers que rien n'a pu ternir ! (1)
Et qui ne serait fier, ô ma Mère ! ô Bayonne !
De vivre, de mourir sous ton ciel qui rayonne,
  Et plus fier de t'appartenir !

Tu dis ! et tes vaisseaux, prompts à tes moindres signes,
S'élançant de tes bords, comme de jeunes cygnes,

---

(1) La devise de Bayonne est : *Nunquam polluta.*

Vont porter ton doux nom par delà l'Océan ;
Et, fiers de t'obéir, rentrant à tire d'aile,
Ils viennent se ranger devant ta citadelle
      Sous les vieux canons de Vauban !

Qu'un tyran sur le trône, affamé de carnage,
Croyant jusques au meurtre égarer ton courage,
Veuille t'associer à ses affreux desseins,
Ta voix lui répondra, dans sa mâle assurance :
« Je n'ai que des Guerriers à donner à la France,
      « Qu'on cherche ailleurs des Assassins ! »

Mais que, sur ta frontière, ardente sentinelle,
Pour vaincre ou pour mourir la France encor t'appelle,
Pour vaincre ou pour mourir, toujours prête au besoin,
Superbe, et réveillant tes foudres des batailles,
Ta voix à l'Ennemi, du haut de tes murailles,
      Dira : « Tu n'iras pas plus loin !... »

O reine de l'Adour ! Bayonne ! ô ma patrie !
Toi qu'on ne peut chérir qu'avec idolâtrie,
De l'un de tes enfants daigne te souvenir !
Ah ! qui ne serait fier, ô ma mère ! ô Bayonne !
De vivre, de mourir sous ton ciel qui rayonne,
      Et plus fier de t'appartenir !

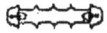

## Et Rose, elle a vécu...

Rose fut son nom dans ce monde;
L'Armagnac lui donna le jour;
Ange que notre nuit profonde
Dérobait au divin séjour!
Et quand l'Hymen, dans l'humble asile
Où sa jeune pudeur s'exile,
La vit avec ce front si doux,
L'Hymen la prenant par sa mante,
Vint la chercher, toute charmante,
Pour la conduire à son Époux!

O Bayonne qui sur ta rive,
La reçus au nom de l'Hymen,
Que l'amour d'un Époux l'y suive,
Que son jour ait un lendemain!
Zéphirs qui soufflez dans la plaine,
Venez rafraîchir son haleine
Qui semble fuir avec efforts;
Non, jamais une fleur plus belle,
Ni, par malheur aussi, plus frêle,
Ne vint pour embaumer ces bords!

Hélas! sous un ciel qui rayonne,
Où la Mer, la Nive et l'Adour,
Accourent enlacer Bayonne
De leurs trois ceintures d'amour;
Dans ces murs, parmi ces rivages

Où la voile, dans les cordages,
Frémit au vent qui vient l'ouvrir,
Dans cette foule qui s'enivre
Du besoin, du bonheur de vivre...
Seule, elle se sentait mourir !

Déjà même, comme à l'idée
Qu'il pressentait de son trépas,
Son Époux l'avait précédée
Aux lieux d'où l'on ne revient pas ;
Elle-même, prête à le suivre,
Pourtant se fût reprise à vivre
Pour son fils, son espoir vivant ;
Si les anges, lassés d'attendre,
Ne fussent venus la reprendre
Près du berceau de son enfant !

Elle mourut... Ainsi s'efface
Un doux rayon à peine éclos,
Ainsi, sans troubler leur surface
Un cygne glisse sur les flots ;
Ainsi s'en alla ce bel ange,
N'enviant plus à notre fange,
A nos biens d'un jour, qu'un berceau.
Un berceau, sa joie éphémère ;
O mes amis ! c'était ma Mère !...
Muse ! une fleur pour son tombeau !

# LE CHANT DES ESCUALDUNACS

(CHANT NATIONAL DES BASQUES)

OU

## LA DÉROUTE DE CARLOMAN
### A. M. A. CHAHO.

Aux monts Escualdunacs un cri gronde et s'élève ;
Et l'Etchéco-Jaüna, s'élançant sur son glaive,
A dit : « Que me veut-on ? qui vient en ce moment ? »
Et son énorme chien qui, près de lui sommeille,
Se hérisse, et soudain, au cri qui le réveille,
Remplit Altabiçar d'un affreux hurlement.

Au col d'Ibanéta ce bruit monte, s'approche ;
Il avance, en grondant, il court de roche en roche
Comme un camp tout entier dont on entend les pas...
Les nôtres, sur les monts où tout dormait naguère,
Ont soufflé le signal dans leur corne de guerre,
Et l'Etchéco-Jaüna se prépare aux combats !

Ils viennent ! les voilà ! que d'armes éclatantes ;
Comme on voit, au milieu, les bannières flottantes !
Quels éclairs font au loin jaillir leurs boucliers !
Combien sont-ils, enfant ? compte et dis bien leur nombre
« — Je les vois ! je les vois dans cette gorge sombre !
« Ils viennent ! je les vois ! ils viennent par milliers ! »

Ils viennent par milliers, et par milliers encore !
Le jour, à les compter, verrait la nuit éclore !
Sous nos bras réunis qu'ils tombent accablés !
Courons ! déracinons ces rochers de leur faîte !
Et, les faisant rouler tout à coup sur leur tête,
Ecrasons-les ! courons ! tuons-les ! tuons-les !

Eh ! qu'avaient-ils à faire au sein de nos campagnes
Tous ces hommes du Nord, pour forcer nos montagnes ?
Dieu nous donna ces monts pour qu'ils soient nos rempa
Mais les rocs, en tombant, les écrasent en foule ;
La chair crie et se plaint ! le sang regorge et coule !
Que d'ossements broyés ! que de membres épars !

Fuyez ! que celui-là qui vit encor, s'échappe !
Fuis, ô roi Carloman, avec ta rouge cape ;
Fuis ! ton neveu Roland là-bas a succombé !...
Et nous, Escualdunacs, abandonnons nos brèches,
Et poursuivons au loin de l'aile de nos flèches
Tout ce qui sous nos bras n'est pas encor tombé !

Tout fuit !... où sont encor leurs armes éclatantes ?
Où sont, au milieu d'eux, leurs bannières flottantes ?
Dans leur sang s'est éteint l'éclair des boucliers...
«—Combien sont-ils, enfant ? compte, et dis bien leur nombr
« — Je les vois ! je les vois dans cette gorge sombre...
« Il en reste à peine un... un de tant de milliers !...

Non ! pas un ! pas même un ! l'Escualdunac l'emporte !
Vous, Etchéco-Jaüna, regagnez votre porte ;

Embrassez vos enfants qu'un jour vient d'affranchir ;
Sur votre fer sanglant dormez dans votre joie ;
Les aigles, cette nuit viendront chercher leur proie,
Et, pour l'éternité tous ces os vont blanchir !

## A. M. LE CURÉ DE BAYONNE

EN LUI ENVOYANT UNE ANNUITÉ DE LA RENTE LÉGUÉE PAR MON PÈRE AUX PAUVRES DE BAYONNE.

Saint Pasteur ! ô vous dont émane
La parole de charité !
Qui nourrissez de votre manne
Les élus de la pauvreté !
Voici l'offrande que mon père,
A l'heure où le chrétien espère,
Vint déposer en vos parvis,
Comme, en nos champs, le Dieu qu'on aime,
Aux petits des oiseaux lui-même
Partage un brin de chènevis !

Approchez, troupe désolée
Qu'il nous léguait à son départ !
Pauvres oiseaux de la vallée,
De ce grain prenez votre part !
Vous surtout, vous dont l'infortune
Tremblant toujours d'être importune,

Se cache à l'œil, comme un remord,
Approchez ! et qu'il vous souvienne
De celui dont l'âme chrétienne
Se souvint de vous dans la mort !

Hélas ! celui qui vous égrène
Cette gerbe de sa moisson,
Cédant au flot qui nous entraîne,
Ne vit point l'arrière-saison !
Le vent de la mort, de son aile
Brisant la branche paternelle,
Trop tôt devait nous séparer !
Ma mère, hélas ! n'y put survivre ;
Et leur fils qui devait les suivre,
Leur survécut, pour les pleurer !

Mais ce monde n'est qu'un passage ;
N'est-il pas vrai, mon saint Pasteur ?
Cet espoir de chrétien, du sage,
Ne peut-être un espoir menteur ;
Comme ces passereaux sans nombre,
Qui s'en vont tous, à la nuit sombre,
S'abriter sous l'ormeau du lieu,
Oui, nous tous, nous irons de même,
Retrouvant là-haut ceux qu'on aime,
Nous abriter au sein de Dieu !

Mais en attendant, sous la pierre
Où dorment tous ces pauvres morts,

Bon Pasteur ! que votre prière
Écarte, loin d'eux, tout remords !
Et si les morts ont leur souffrance,
Qu'avec vous la sainte espérance,
Leur parlant d'immortalité,
Pour calmer tout pénible rêve,
Leur montre le jour qui se lève
Dans les jours de l'éternité !

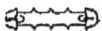

# LE BULBUL

### AU CHANTRE DES ORIENTALES.

O chantre des Péris ! dans vos jardins de rose
Où l'Orient rêveur vous berce et vous dépose,
Que de fois le Bulbul, sous un ciel enchanté,
Heureux que son amour au trépas le condamne,
A senti tout à coup, pour la fleur sa sultane,
    Son chant languir de volupté !

Mais que de fois encor, à l'épine embaumée
Que dégrafe au zéphir sa Rose bien-aimée,
L'Oiseau, tout frissonnant, s'est senti déchirer !
Et que de fois alors, pris d'un tendre vertige,
Sous la fleur, ses amours, en tombant de sa tige,
    Le doux chanteur vint expirer !

Il meurt... hélas ; demain que dira la jeune aube
S'éveillant sans ouïr son chant qu'on lui dérobe ?
Que dirons les zéphirs à l'écho du harem ?
Que diront sur le bord des limpides fontaines,
Les roses balançant leurs tiges incertaines
   Dans les riants bosquets d'Hirem ? (1).

Il meurt... mais, en mourant, il a vu la Nature
Renaître en long caftan (2) de fleurs et de verdure !
Mais il a vu la fleur qui ne règne qu'un jour,
Sa Rose s'enivrer de sa voix qu'elle écoute,
Et les blanches Péris descendre de leur voûte
   Pour écouter son chant d'amour !

Et les Péris, le soir, de leur main blanche et douce,
Vont recueillant la fleur et l'oiseau sur la mousse,
En murmurant tout bas, sous la branche en berceau :
« Ainsi meurt le Génie ; ainsi la Beauté passe,
« Dans leur exil d'un jour, sans laisser plus de trace
   « Que la fleur qui tombe et l'oiseau !... »

Oh ! si du moins, pareil au Bulbul qu'il envie,
Le poëte, ici bas rossignol de la vie,
Papillon que la gloire attire à son flambeau,
Voyait aussi l'Amour, comme un parfum de rose,
Descendre dans la nuit, où la mort le dépose,
   Et l'embaumer dans son tombeau !

(1) Les bosquets enchantés d'Hirem, où les Orientaux placent les amours du rossignol et de la rose.
(2) Le *Caftan*, la robe des Orientaux.

## ENVOI.

Ainsi, dans vos beaux vers, source d'un beau délire,
Ma Muse osait chercher un souffle pour sa lyre,
Ainsi je m'égarais sous vos cieux enchantés;
Et ma voix vous disait : « Poëte! aigle sublime!
« Enlevez-nous bien loin, bien loin sur quelque cîme,
    « A nos tristes réalités!... »

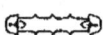

# ORTHÈZ

*Fuit Ilium!*

  Orthèz, la pauvre délaissée,
  Qui, de ta splendeur éclipsée,
  Entretiens toujours ta pensée
  Dans le silence et l'abandon!
  Orthèz, autrefois châtelaine,
  Attends-tu là-bas, vers la plaine,
  Que le Zéphir sur son haleine
  T'apporte le nom de Gaston?

Gaston Phœbus! Gaston, son noble époux qu'elle aime,
Si beau, qu'on le nommait du nom de Phœbus même,
    Le Dieu brillant du Jour!
Gaston qui, pour l'aimer d'une amour plus loyale,
Oublia même Pau, Pau, la cité royale
    Et son riant séjour!

Gaston, qui préféra son manteau de comtesse
A tous les noms pompeux et de reine et d'altesse,
   Et son Gave à l'Adour !
Gaston, qui revenait suspendre à ses murailles
Son glaive encor rougi par le sang des batailles
   Et son luth troubadour !

Gaston, qui la voulut si charmante, entre toutes,
Que tous les preux en foule accouraient à ses joûtes,
   Que Gaston, le premier,
S'étonnait de la voir, ou riante, ou sévère,
Accorder sous ses doigts la harpe du Trouvère,
   Ou porter le cimier !

Aussi, quand son château, du perron jusqu'aux faîtes,
S'illuminait soudain au signal de ses fêtes,
   On eût dit que, là-bas,
Accouraient à l'envi les Lutins et les Fées,
Pour venir, devant elle, incliner leurs trophées,
   Et l'admirer tout bas !

Et Bayonne au sang basque, et Pau la béarnaise,
L'une avec son château, l'autre avec sa falaise
   Et leur ciel enchanté,
Avouaient, hautement, malgré leur jalousie,
Que la gentille Orthèz, leur reine en courtoisie,
   L'était même en beauté !

  Orthèz, la pauvre délaissée,
  Qui, de ta splendeur éclipsée
  Entretiens toujours ta pensée

Dans le silence et l'abandon ;
Orthèz, autrefois châtelaine,
Attends-tu, là-bas, vers la plaine,
Que le Zéphir, sur son haleine,
T'apporte le nom de Gaston ?

Ah ! ton malheur, Orthèz, qu'en pleurant je raconte,
Ton malheur vient du jour où ton seigneur et comte,
Veuve à qui tu servis,
Lui-même vît ses jours filés de tant de soie
Se voiler tout à coup, au milieu de leur joie,
Par la mort de son fils.

Gaston avait un fils, charmant autant que brave ;
Et les peuples unis de l'Adour et du Gave
Qu'il régit à la fois,
Voyaient déjà l'Hymen, ceint de roses naissantes,
Confondre, dans ses nœuds, les deux maisons puissantes
D'Armagnac et de Foix.

Et l'enfant visitait son oncle de Navarre,
Heureux de son hymen qui déjà se prépare,
Mais surtout du bonheur
De songer que sa mère, en Navarre exilée,
Au beau château d'Orthèz va se voir rappelée
Par son maître et seigneur.

Car son oncle lui donne un filtre tout de flamme
Qui doit rendre Gaston plus épris de sa dame
Qu'il ne le fut jamais ;

L'enfant cache le filtre, à l'espoir s'abandonne ;
Sans songer que celui dont la main le lui donne
   Est Charles-le-Mauvais !

Il a revu le Gave ! Orthez ! quelle est ta joie !
Des festins aussitôt la pompe se déploie,
   Et le jeune Gaston,
Debout, près de son père, ému d'un doux présage,
Vient, soumis et charmé, suivant l'antique usage,
   Lui servir d'échanson.

  Orthèz, la pauvre délaissée,
  Qui de ta splendeur éclipsée
  Entretiens toujours ta pensée
  Dans le silence et l'abandon,
  Orthèz, autrefois châtelaine,
  Attends-tu là-bas, vers la plaine,
  Que le Zéphir, sur son haleine,
  T'apporte le nom de Gaston ?

Et la gaîté riait au front le plus sévère,
Et la voix des Jongleurs, et le luth du Trouvère,
   Et leurs chants les plus doux,
Célébraient, à l'envi, la *gaie-Armagnagaise* (1),
Dont le jeune Gaston, qui ne se sent plus d'aise,
   Va devenir l'époux.

Mais son père... Voyez ! voyez son front farouche !
La coupe des festins qu'il portait à sa bouche,

(1) Nom que lui donne la chronique.

Fuit sa bouche à l'instant !
Tous ses traits ont pâli ! ses yeux lancent la foudre !
Car il a vu son fils verser, comme une poudre,
    Dans les mets qu'il lui tend !

Il l'a vu ! quel soupçon ! Ah ! ce mets parricide,
A peine de son chien repaît la faim avide,
    Que, saisi d'un frisson,
L'animal convulsif avec peine respire ;
Ses flancs sont haletants, il chancèle, il expire...
    Le filtre est un poison !

Son fils !... l'infortuné ! quand déjà tout l'accuse,
A le croire innocent le comte se refuse ;
    Il fait plus, ô remord !
Sa justice, ou plutôt sa fureur, veut qu'il meure ;
Et le sombre cachot qui devient sa demeure,
    Bientôt le trouva mort !

Un père... ô crime ! ô honte ! ô fureur qu'il expie !
Un père osa, dit-on, plonger sa dague impie
    Au cœur de son enfant?
Non ! le crime est trop grand ! le cœur frémit d'y croire ;
Et, près de soulever ce voile de l'histoire,
    Ma Muse s'en défend !

Dès-lors, quel fut, Orthèz, ton deuil morne et sévère !
La douleur détendit la harpe du Trouvère,
    Dès lors quel abandon !

Et ton peuple, au bonheur étonné de survivre,
Plaignît ses fils naissants, qui n'auraient plus à vivre
    Sous un autre Gaston !


Toi-même, pauvre Orthèz, comme une tendre mère
Qui succombe, en pleurant, à sa douce chimère,
    Tu mourus de sa mort !
Et ton maître et seigneur, ce Gaston dont la vie,
Fut de tant de splendeur couronnée et suivie,
    Mourut de son remord !


    C'en est fait ! les voix des Génies
    Aux soupirs des harpes unies,
    Ont suspendu leurs harmonies
    Dans la plaine et sur le coteau !
    Et le pâtre de la chaumine,
    Près de son troupeau qui rumine,
    Ne heurte plus, quand il chemine,
    Que les débris de ton château !


    C'en est fait, hélas ! et ton fleuve
    Qui dans son urne encore t'abreuve,
    Mais qui te sait à jamais veuve
    De seigneur de si grand renom,
    Laisse gémir son flot qui tombe,
    Honteux, hélas ! quand tout succombe,
    De n'avoir su garder la tombe
    Ni la poussière de Gaston !

Et Pau, ta superbe voisine,
Qui peut, du haut de sa colline,
Contempler là-bas ta ruine,
Sourit de te voir sous sa loi ;
Et, du haut de sa citadelle,
Bayonne, à ses crénaux fidèle,
Dit fièrement : « Où donc est-elle,
« La cité plus belle que moi ? »

Mais le Souvenir, ce bel ange,
Qui, lorsque tout passe et tout change,
A toujours des pleurs qu'il échange
Sur la poussière du tombeau,
Revient sur ta rive chérie
Chercher, d'une vue attendrie,
La place où la Chevalerie
Eteignit son dernier flambeau !

Orthèz, la pauvre délaissée,
Qui, de ta splendeur éclipsée,
Entretiens toujours ta pensée
Dans le silence et l'abandon ;
Orthèz, autrefois châtelaine,
Entends-tu, là-bas, vers la plaine,
Ma Muse qui, sur son haleine,
T'apporte le nom de Gaston ?

# BIARRITS

ou

## LA GROTTE DES AMANTS.

Bayonne! l'entends-tu? sur sa conque marine
Biarrits t'appelle et rit vers la plage voisine,
Vers la plage où mûrit le blond raisin d'Anglet!
Belles! gardez vos cœurs! Amour entre en campagne;
Et l'agile Basquaise, à la Porte-d'Espagne,
      Attend près de son Cacolet!

Accourez! accourez, charmantes Bayonnaises!
Quand l'été voit bondir la mer sur vos falaises,
L'Adour, pour vous, n'a plus de zéphyr assez doux;
Mais quand l'heureux Biarrits, sur sa conque marine,
Vous appelle, en riant, sur la plage voisine,
      Craignez la mer et son courroux!...

Regardez sur ce bord d'où l'onde se retire,
Cette grotte où la mer si mollement soupire,
Qu'on dirait un ruisseau qui murmure à l'entour,
Comme avec volupté l'Onde y parle à la Terre!
Comme tout, dans ce lieu, promet joie et mystère
      Aux doux mystères de l'amour!

Là, deux amants (Anglet peut-être les vit naître)
Avaient fui, pleins d'un feu qui vient de se connaître.

Ils s'aimaient, comme on s'aime à l'aube des amours,
Quand la vie est un rêve, ou plutôt un délire;
Quand on vit d'un soupir, d'un regard, d'un sourire,
    Quand le cœur parle et dit : « Toujours! »

Et ces deux beaux amants, dans ces fraîches demeures,
S'oubliaient, enchantés du vol léger des heures;
Et le ciel, seul témoin de leur doux rendez-vous,
Leur jetait ses parfums, et l'air semblait sourire;
Et la mer autour d'eux si mollement soupire
    Qu'un ruisseau gémirait moins doux.

Mais écoutez!... Déjà le flot monte, se lève;
Il avance, il grandit, il blanchit sur la grève :
La marée! Elle accourt et va tout engloutir...
Fuyez! tendres amants! Fuyez! la Mort vous presse...
Mais, pour deux tendres cœurs, en ce moment d'ivresse,
    Est-il jamais temps de partir?

De leur enchantement qui pouvait les distraire?
Leurs cœurs planaient si haut! touchaient-ils à la terre?
Ils s'aimaient, comme on s'aime à l'aube des amours,
Quand la vie est un rêve, ou plutôt un délire;
Quand on vit d'un soupir, d'un regard, d'un sourire,
    Quand le cœur parle et dit : « Toujours! »

Et la vague toujours monte avec la tourmente,
Agite sa crinière et bondit écumante :
On dirait un coursier qui s'indigne du mors...
Mais au pied de la grotte un cri s'est fait entendre!

Ce doux nid des amours le flot vient le reprendre,
    Et la mer couvre tous ses bords !

L'épouvante est partout ! sur sa conque marine,
Biarrits en jette un cri vers la plage voisine,
Vers la plage où mûrit le blond raisin d'Anglet !
L'épouvante est partout ! Et la mort l'accompagne !
Et l'agile Basquaise, à travers la campagne
    S'enfuit, pressant son Cacolet !

Mais, voyez !... de nouveau la vague se retire ;
Et la mer en repos si mollement soupire,
Que c'est à ne plus croire à ses bords submergés...
Seulement deux amants flottaient à la surface,
Comme on voit, sous le vent, flotter seul, dans l'espace,
    Un nid d'Alcyons naufragés !

Oh ! pleurez leur trépas, sensibles Bayonnaises !
Amour le pleure encor le long de vos falaises ;
Qui ne sait compâtir à quelque douce erreur ?
Mais quand l'heureux Biarrits, sur sa conque marine,
Vous appelle, en riant, vers la plage voisine,
    Craignez la mer et sa fureur !

## LE CACOLET

(Au sujet de la pièce précédente, on avait annoncé à l'auteur
que le Tappe-cul avait succédé au Cacolet.)

---

Quoi ! ce gai Cacolet où l'Amour, d'aventure,
Allait, trottant à deux, sur la même monture,
O ma belle cité ! n'est plus ce qui te plait?...
Mais je comprends, Bayonne est la Vierge sans tache;
Aujourd'hui sa pudeur préfère la patache
   Au trot léger du Cacolet.

Ah ! ne le cherchez plus vers la Porte-d'Espagne
Ce char à deux, qu'à pied la Basquaise accompagne;
Ce n'est qu'un souvenir, hélas ! il a vécu !...
Allez, jeunes beautés ! allez, amants timides !
Au lieu du Cacolet dont l'Amour tient les guides,
   Il vous reste le Tappe-cu !!!

Pourtant c'était si bon quand, tous deux, bien à l'aise,
On allait, cheminant le long de la falaise,
C'était si bon d'aimer, en se sentant bercer,
Tandis que maints cahots qui troublaient l'équilibre,
Rendant l'amant plus tendre, et l'amante plus libre,
   Les rapprochaient sous un baiser !

Puis, les aveux charmants ! puis les longs tête à tête !
Puis la Basquaise à pied qui chante un air de fête

Pour avertir l'écho de Biarrits et d'Anglet !
Puis l'heure qui s'enfuit, par l'heure poursuivie,
Et pourchassant gaîment tous les soins de la vie
      Au trot joyeux du Cacolet !

Aussi que n'eût point fait la vive Bayonnaise
Quand l'été de retour rallumait sa fournaise,
Pour fuir, doux contre-poids, sur ce trône mouvant,
Pour voir son court jupon qui par les airs chemine,
Disputer au Zéphyr sa jambe ronde et fine
      Et son tout petit pied d'enfant !

Oh ! pour son Cacolet qui la proclamait reine,
Qui portait au grand trot sa folle souveraine
Vers Biarrits son royaume, et la mer son grand lac,
Elle eût donné cent fois, donné, sur ma parole,
Son bal au Saint-Esprit, sa fête à Mousserole
      Et tous les plaisirs de Marracq.

Mais à quoi bon gémir et chercher en arrière ?
Ce doux char des amants, on l'a mis en fourrière,
De par l'hymen sans doute, et les maris jaloux ;
Les amours dénichés ont fui par la campagne,
Et la fière Basquaise, à la Porte-d'Espagne,
      A brisé son fouet de courroux.

Oh ! taisons-nous ! Bayonne est la Vierge sans tache ;
Aujourd'hui sa pudeur préfère la patache

Au Cacolet mondain dont la gloire a vécu...
Allez, tendres beautés ! Allez, amants timides !
Au lieu du Cacolet dont l'Amour tient les guides,
 Il vous reste le Tappe-cu ! ! !

## HIER, AUJOURD'HUI ET DEMAIN.

*Hier*... c'était l'Aurore, ou plutôt c'était l'aube
A ses blanches lueurs réveillant notre globe ;
C'était l'oiseau qui chante à l'horizon lointain ;
C'était l'heureux Printemps nous ouvrant son Éden ;
C'était l'Amour naissant que l'Espoir mène en lesse
Cachant encor son aile et son dard qui nous blesse ;
C'était ce bien, hélas ! qui les réunit tous,
Dont la perte, après lui, ne laisse que dégoûts,
La Jeunesse ! ô Poëte ! *Hier*, c'était la vie
Et ses enchantements et tout ce qu'on envie !
Jeunesse enchantement, beaux jours, tout s'est enfui...
O Poëte ! qu'*Hier* est donc loin d'*Aujourd'hui* !
*Aujourd'hui*... c'est ce Ladre, âpre au grain qui l'éveille ;
Voyez-le, sur son or, flairer, dresser l'oreille ;
Il renaît ; car pour lui, vivre c'est encaisser ;
Pour le moindre profit il se ferait fesser.
La rose sur son teint a fait place à l'olive ;
Entre ses deux repas monsieur fume et salive.

Dirait-on pas vraiment, rien qu'à le voir errer,
Que lui-même oublia de se faire enterrer ?
Fier avec qui le craint, humble avec qui le mâte,
Jamais valet de cour, caniche, ou diplomate,
Mieux que lui, leva-t-il ou la patte ou la main,
Pour prêter un serment qu'il va trahir demain ?
A ce sultan blasé parlez donc poésie !
Rejetant, devant vous, la coupe d'ambroisie,
Tous les songes épais viennent le travailler !
En musique, avant tout, il aime le brailler ;
En peinture, on connaît son bon goût... qu'on redoute ;
En politique... chut... taisons-nous... on écoute !
Que vous dirai-je enfin ? dans sa crasse entêté,
Quel culte, quel autel n'a-t-il point déserté ?
Et, maintenant, voyez ! ne sachant ce qu'il aime,
Désabusé de tout, et d'abord de lui-même,
N'offrant plus son encens qu'aux autels du Veau d'Or,
Dans son stupide orgueil il retombe et s'endort ;
Et si la Muse encor, cette vierge divine,
Aux chants d'un Béranger, ou bien d'un Lamartine,
S'en vient à ce pourceau, comme Ulysse autrefois,
Proposer de lui rendre et sa forme et sa voix,
Lui, soumis à son ventre et vautré dans sa fange,
Content de son état, cuve son or, et mange ;
Et l'œil obstinément vers la terre incliné,
Croit que tout est fini quand il a bien dîné !...
Hélas ! il est bien temps, que, sans plus d'inventaire,
*Aujourd'hui* disparaisse et que *Demain* l'enterre !
*Demain*... oh ! c'est l'ami qui précè de nos pas !
L'ange consolateur qui fait qu'on ne meurt pas !

Qui nous sourit de loin avant qu'on le connaisse !
Ce n'est plus le printemps, ce n'est plus la jeunesse ;
Mais c'est l'espoir encor et son prisme incertain,
C'est l'été de la vie et de la Saint-Martin !
*Demain !* oh ! pour le coup, dès demain, plus de chaînes !
Le miel va distiller de l'écorce des chênes !
Les peuples et les rois, lassés de se haïr,
Au baiser l'Amourette encor vont recourir !
Les amis seront vrais ! tous les amants fidèles !
Les belles et l'Amour demain n'auront plus d'ailes !...
Pauvres humains ! ainsi nous berçons notre ennui,
Sans songer que *Demain* sera pis qu'*Aujourd'hui,*
Sans voir qu'autour de nous tout passe, tout succombe,
Et que *Demain,* hélas ! pour beaucoup, c'est la tombe !

# L'AUMONE

L'Aumône, en s'échappant de vos modestes mains,
Ange timide éclos d'un soupir des humains,
Le front voilé vous dit : « Le ciel voit ton offrande ;
« J'étais faible et petite ; et par toi, je suis grande,
« J'étais abandonnée ; et tu fus mon appui ;
« Tu me gardais ; c'est moi qui te garde aujourd'hui,
« Attendant que moi-même au ciel je te rapporte
« En disant : « la voilà ! » pour t'en ouvrir la porte ! »

# A BÉRANGER

Voyez ce nid dans ce buisson de rose ;
Du Rossignol caché dans le buisson,
Sur le duvet la famille y repose,
Au jour naissant bégayant sa chanson ;
Ainsi ma Muse, au jour qui vient d'éclore,
Oiseau craintif, n'ose prendre son vol ;
Enseignez-lui sa chanson à l'Aurore ;
Vous la savez ; vous êtes rossignol.

Aigle sublime élancé de la Terre
Pour proclamer tous nos droits à la fois,
Enseignez-nous où dort votre tonnerre
Qui, sous l'éclair, fit pâlir tant de rois !
Heureux Phénix du temple de mémoire,
Qui renaîtrez toujours sur son autel,
Enseignez-nous le secret de la gloire ;
Vous le savez ; vous êtes immortel.

Enseignez-nous ce vers plein de malice
Dont le dard pique et reste dans la peau
Quand vous montrez nos porteurs de cilice
Cachant Tartuffe encor sous leur chapeau ;
Charmante Abeille ! enseignez-nous les cîmes
Où vous cueillez tous les parfums du ciel ;
Car, en donnant l'aiguillon à vos rimes,
L'abeille aussi leur donna tout son miel.

Enseignez-nous un chant pour la Patrie
Si doux au cœur, quand de vous il nous vient,
Qui pleure alors comme une voix chérie,
Comme un ami qui songe et se souvient.
O Béranger! ami toujours sincère
Du Peuple, encor loin de l'Urne exilé, (1)
Enseignez-nous un chant pour sa misère;
Chantez vous-même; il sera consolé!

## SOUVENIRS DE LA VALLÉE DE CAMPAN

### A MON AMI F. SOUBIES.

Ami!... permettez-moi ce titre;
N'est-ce pas assez que le Temps,
De nos jours ce jaloux arbitre,
Effeuille, en fuyant, nos printemps?
Mais le Temps ferait-il de même
Qu'un tendre souvenir qu'on aime
Sous nos mains s'effeuille à son tour?
Non. Car mon cœur me dit encore
Qu'un même nid nous vit éclore
Tous deux aux rives de l'Adour!

(1) Alors exilé de l'urne par le *Suffrage restreint*.

Ce doux nid que tout me rappelle,
C'est Bagnères le beau pays,
Qui nous réchauffa sous son aile
Moi l'orphelin, et vous son fils ;
Comme la poule, tendre mère,
Dont l'amour couve à la lumière
Un œuf d'une autre mère éclos,
Et qui, dans son effroi, s'étonne
Que cet étranger l'abandonne
Pour fuir tout à coup vers les flots.

Ainsi, sur ces écueils du monde,
Tandis que, seul et fugitif,
Je livrais aux hasards de l'onde
Mes jours, ma voile et mon esquif,
Vous, dans votre Eden que j'envie,
Vous laissiez l'urne de la vie
Couler pour vous à flots plus lents ;
Et le même soleil sans doute,
Qui, jadis, vous montra la route,
Doit briller sur vos cheveux blancs.

Non, jamais ce pèlerinage
Qu'il nous faut tous faire ici-bas,
Ne marqua d'un plus doux présage
Une vie à ses premiers pas !
Comme ces monts semblaient nous dire
Avec leur voix qui vous attire :
« C'est à nous de vous abriter. »
Comme ces bois et leur ramure,

Tout ce qui chante ou qui murmure
A l'envi semblait nous fêter !

Comme notre âme réveillée
Par le matin et sa chanson,
S'ouvrait au jour, émerveillée
Des splendeurs de notre horizon,
N'entendant partout, dans la plaine,
Que le Zéphir et son haleine
Nous jetant partout quelque fleur,
Et pour nous ne laissant éclore
Sous le beau soleil du Bigorre
Que l'innocence et le bonheur !

Ah ! vous pourriez encor les dire,
Beaux lieux dont j'ai gardé le nom,
Ces plaisirs que votre sourire
Attroupait au fond du vallon !
Campan, Médoux, rives chéries,
Qui nourrissiez des rêveries
Que, pour nous, d'autres lieux n'ont pas ;
Et vous Ruisseaux dont la naïade
Vit se dérouler l'Iliade
De nos jeux et de nos combats !

Vous pourriez dire notre ivresse,
Quand, de bonheur tous haletants,
Et sous la première caresse
Ou de l'aurore, ou du printemps,

Nous allions, sous la branche humide,
Surprendre le bouvreuil timide
Qui nous priait, d'un œil si doux,
De lui laisser, sous la verdure,
Ces jeunes voix de la nature
Qui devaient s'éveiller pour nous !


Oh ! répondez ! l'Adour encore
Éveille-t-il tous ses échos
En jetant sa rumeur sonore
Comme une voix qui sort des flots ?
Ce fougueux enfant des montagnes,
Avant de quitter vos campagnes
Pour s'engloutir dans l'Océan,
Garde-t-il toujours ses mystères
Pour ses rivages solitaires,
Pour son paradis de Campan ?


Oh ! parlez ! qu'aumoins je connaisse
Si, maintenant, comme jadis,
Tous les Sylphes de la jeunesse
Peuplent encor ce paradis !
Vont-ils, de colline en colline,
Ou, sous la branche qui s'incline,
Chercher nos pas vers les hameaux.
Pour savoir si la jeune troupe
Doit revenir boire à leur coupe,
Pour y boire l'oubli des maux ?

Vont-ils, cherchant l'agneau qui bêle
Parmi le cityse et le thym,
Tandis que sa brebis l'appelle
Au bruit de son timbre argentin?
Ou, se rapprochant des chaumières
A l'heure calme où les laitières
Rentrent pour traire les troupeaux,
Accourent-ils, tout hors d'haleine,
Pour remporter leur tasse pleine
De ce blanc nectar des hameaux ?

Vont-ils toujours de haie en haie,
Guetter les fruits et leur parfum,
Comme un maraudeur qui s'effraie
D'un zéphir ou d'un importun?
Ou, la figure encor rougie
Par la fraise de quelque orgie,
Revolent-ils vers Frascati,
Leur crime encore sur leur bouche,
Près d'un Mentor très-peu farouche,
Cacher les forfaits du jeudi?

Mais, hélas! Frascati lui-même
N'est plus ce qu'il était pour nous!
Le temps, après tout ce qu'on aime
S'acharne avec un soin jaloux!
Sais-je au moins si l'aimable Maître
Qui nous fit aimer et connaître
La nature, ce beau trésor,

Vit encor dans cet Elysée
Que peuplait pour nous sa pensée,
Quand la nôtre dormait encor !

Ah ! c'en est fait !... sur son rivage
L'Adour peut encor vous bercer ;
Mais les beaux Sylphes du bel âge
Vous ne les verrez plus passer !
Un seul, le plus tendre peut-être,
Épris des lieux qui l'ont vu naître
Sur ses pas aime à revenir ;
Et pour nous, Ami, sa baguette
Évoque les jours qu'on regrette
Au demi-jour du souvenir !

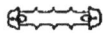

# LA FÊTE DES ROSES

De ce charmant anniversaire
Pour trouver la date sincère,
L'almanach est-il nécessaire
Quand sa date est dans notre cœur ;
Quand l'Amitié tendre et folâtre,
Des plaisirs du cœur idolâtre,
Vient présider autour de l'âtre
A cette fête du bonheur ?

Voyez ! le Printemps qui s'éveille,
Des prémices de sa corbeille
Apporte la moisson vermeille,
Heureux de se voir convoquer !
C'était son droit ; car on devine,
Qu'à la fête de Joséphine,
Comme sœur de même origine
La Rose ne pouvait manquer.

La Rose qu'avec tant de grâce,
Anacréon, avant Horace,
Au front de sa Muse entrelace
Parmi les coupes du festin,
Comme l'image fugitive
Du bonheur, cette fleur tardive
Qui s'effeuille au front du convive,
Et qui n'a souvent qu'un matin !

La Rose, ce touchant emblème
De tout ce qui charme et qu'on aime,
Qui semble ignorer elle-même
Sa grâce, à force d'abandon,
Comme la fleur de mon paterre
Dont le charme qu'on ne peut taire,
Pour elle seule est un mystère...
Et dont Joséphine est le nom !

O douce fleur de ma demeure !
Qui parfumez le vol de l'heure !
Vous que le temps à peine effleure

Quand tout s'effeuille sur ses pas ;
Le temps vous revoyant si belle,
Près de vous arrête son aile,
Car la Grâce est toujours nouvelle,
Et la Bonté ne vieillit pas !

## MADELEINE

O vierges de Campan, qui, le soir, sur vos portes,
Rêvez à l'Étranger qui, tout bas, vous parlait,
Si, contre un doux regard vous n'êtes assez fortes,
    Baissez bien votre capulet !

C'était un soir... l'oiseau caché dans le feuillage,
A l'écho du vallon jetait son dernier chant ;
Et Campan, mollement bercé sur son rivage,
    S'endormait au rayon couchant.

Et le jour, dans les airs, sur Médoux et Bagnère,
Repliant, par degrés, sa robe de saphirs,
Laissait naître, en fuyant, la fête printanière
    Que la nuit prépare aux zéphirs.

Et le fleuve semblait assoupir son murmure,
Et, sous le vert rameau qui frémit par instants,
Le rossignol chantait son hymne à la nature
    Sous l'œil demi-clos du printemps.

Mais tandis que, dans l'air, nul bruit ne se balance,
Voyez-vous, sous l'abri des saules de l'Adour,
Cette Vierge timide écouter en silence
  L'Etranger qui parle d'amour?

Car le bel Etranger lui disait : «Madeleine!
« Avant que je t'oublie, et j'en fais le serment,
« L'Adour aura cessé de bondir dans la plaine,
  « La tombe aura pris ton amant! »

Il disait : Madeleine, étonnée et pensive,
Abandonnant sa main, rougit et se troubla ;
Un long cri de bonheur fit tressaillir la rive...
  Et la lune au ciel se voila!

Il partit, cependant! il partit, le parjure,
Brisant ce tendre cœur qu'il devait tant chérir ;
Mais bientôt Madeleine oublia son injure,
  En songeant qu'elle allait mourir.

Seulement, en mourant, au prêtre qu'elle appelle,
Madeleine, tout bas, redit son doux péché ;
Et le prêtre attendri, fit descendre sur elle
  Le pardon qu'elle avait cherché.

O Vierges de Campan, qui, le soir, sur vos portes,
Rêvez à l'Étranger qui, tout bas, vous parlait,
Si, contre un doux regard vous n'êtes assez fortes,
  Baissez bien votre capulet!

# L'ÉVANGILE DU JOUR

En ce temps, s'en allait, prêchant dans l'*Univers*,
Un homme qui, mettant son bon sens à l'envers,
Par les sentiers douteux où Loyola chemine,
Allait, disant tout haut : « un *Ver rongeur* nous mine! »(1)
Ce ver, c'est le serpent de l'arbre défendu ;
Que l'homme lise encor, et le monde est perdu !
Au moins s'il relisait, recueilli dans sa coque,
Notre tendre Escobar, ou Marie-Alacoque...
Mais Homère ! Platon ! Virgile, Cicéron !
L'Antiquité, mes fils, c'est le mauvais larron ;
Ou plutôt, c'est l'enfer nous poussant dans le gouffre.
On reconnaît le diable à son odeur de soufre ;
Et tous leurs grands auteurs, à nos yeux tant prônés,
Sentent tous le fagot, à se boucher le nez.
Que vient-on nous parler de Virgile et d'Horace !
Ont-ils jamais parlé de la grâce efficace?
Virgile, au moins, nous dit, au pied d'un hêtre assis,
« Le berger Corydon brûlait pour Alexis. »
Voilà de la morale ! on s'y prend tout de suite ;
Ce Virgile, mes fils, était un peu Jésuite.
Va donc pour Alexis! mais leur divin Platon
Que vient-il nous chanter avec tout son Phédon?
Et leur grand Cicéron qui sauva sa patrie,
De quoi se mêlait-il celui-là, je vous prie?

(1) *Le ver rongeur* et sa ridicule levée de boucliers, ou pour mieux dire, de soutanes contre les anciens.

Arrière, Fénélon ! arrière, aigle de Meaux !
C'est de vous, après eux, que viennent tous nos maux,
Vous qui, reconnaissant l'Antiquité pour mère,
Osiez tremper la lèvre en la coupe d'Homère !
Vous qui, par un travers trop digne de la hart,
Osiez guinder Platon au-dessus d'Escobar !
De ces dieux du passé que le vulgaire prise,
Il est temps qu'à la fin le siècle se dégrise.
Autre temps, autres mœurs; nous avons nos raisons,
Et le monde est sauvé si nous l'abrutissons ! »

Ainsi, dans l'*Univers* prêchait l'apôtre *Gaume*,
Et son discours béat, fleurait doux comme baume,
Et les saints s'enflammant à ses gestes et dits :
« Où sont-ils, ces païens, ces relaps, ces maudits
Qui, du sot genre humain portant si haut la hampe,
Lui disent de marcher, quand nous lui crions rampe?
L'*Univers* est pour nous! et Janin, des *Débats*,
Janin et le bon sens ne les sauveront pas!
Où sont-ils? » Et déjà l'affreux bûcher s'allume!
*Veuillot*, plus près du feu, l'attise avec sa plume;
Platon est déjà cuit! Virgile, au cœur si bon,
Horace, Juvénal ne sont plus qu'un charbon!
Homère, devant qui s'inclinait Alexandre,
Comme Pergame, hélas ! n'est plus qu'un peu de cendre!
Sur les tables de mort les *Modernes* portés,
Sont au même bûcher entassés et jetés.
O gloire ! n'es-tu donc que fumée et que braise?
Moins haut fut le bûcher qui flamba dans Éphèse
Quand Saint-Paul, qui savait raisonner et parler,

Réfutait les Gentils, en les faisant brûler !
La flamme, en pétillant, monte et rougit la nue ;
*Gaume*, en criant, s'enfume, et Tartuffe éternue !
*Veuillot*, l'Ajax du camp, croit voir, dans ces débris,
Un Bourdaloue en feu qui réclame à grands cris ;
Honteux de son erreur, il vole, il croit l'atteindre ;
Mais tout son style froid ne saurait plus l'éteindre ;
Et sa main, se trompant une seconde fois,
Ne sauve qu'un Pascal qui lui brûle les doigts !
Cependant, au milieu de la flamme mouvante,
Voltaire encor pétille et répand l'épouvante !
Quelques évêques seuls, honteux de ces débats,
En rougissaient dans l'âme et s'indignaient tout bas ;
Mais plus le crime est grand, plus grande est leur colère ;
Près d'un Pascal encore ils ont flairé Molière ;
Leur rage le déchire avec des cris dévots,
Et l'*Univers* triomphe en hurlant « *Nescio vos!!!* »

Ah ! ces maîtres divins, y toucher est un crime !
C'est le serpent, Messieurs, qui veut ronger la lime ;
C'est l'enfant (et le cas serait encor plus laid),
Qui battrait sa nourrice, ayant tari son lait.
Quelle nourrice encor ! ou plutôt, quelle mère !
Celle qui nous berçait au nom sacré d'Homère !
Celle qui, du génie allumant les flambeaux,
Même après notre mort, veille sur nos tombeaux !
Et c'est elle qu'ainsi vous osiez méconnaître ?
Allez ! de son bûcher le Phénix va renaître,
Emportant, malgré vous, nos cœurs et notre encens !
A quoi vous serviront tant de cris impuissants ?

Allez ! Virgile, Homère et Platon, quoiqu'on dise,
Seront longtemps encor nos Pères de l'Église !

## A M. SAINTE-BEUVE

EN LE REMERCIANT DE SON ACCUEIL A MA *Nuit des Fées.*

Connaissez-vous, de par le monde,
Ce Sage dont la serpe émonde
Le feuillage ou la branche immonde
Par les sentiers où nous passons ?
Qui, pareil à l'abeille errante,
Sortant de sa ruche odorante,
Vient recueillir sur chaque plante,
Le miel à côté des poisons?

Qui, tendre amant des rêveries,
Et, partant, des Muses chéries,
A ses aimables *Causeries*
Nous convoque tous les lundis,
Pour nous servir son ambroisie
Et cueillir à sa fantaisie
L'Éloquence et la Poésie,
Ces fruits tombés du paradis?

Jadis la Muse dans son antre
Où nul profane jamais n'entre,

Près d'André Chénier le doux chantre
Le vit un jour se reposer;
Et la Muse au charmant délire,
Heureuse et fière de l'élire,
De sa main lui montrant sa lyre,
Le réveilla par un baiser!

Mais depuis, la Muse loin d'elle
L'a vu s'enfuir à tire d'aile,
Non pas qu'il se dise infidèle;
Mais sa lyre ne chante plus.
O Poëte! qu'il vous souvienne!
Car la Muse, quoiqu'il advienne,
Garde votre lyre et la sienne
Dans son paradis des élus!

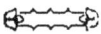

# UNE SOIRÉE A BIARRITS

### A MON AMI ÉMILE TASTET.

Ami! vous souvient-il de ce jour où, tous deux,
Côte à côte fuyant par le sentier poudreux
    Sur le Cacolet qui chemine,
Comme deux alcyons au même nid éclos,
Nous vînmes, tout un soir, nous bercer près des flots
    Où la mer de Biarrits domine?

Vous en souvenez-vous, comme au pied du rocher,
La vague avec amour renflait son bruit léger ?
    Plus loin des baigneuses timides,
Des baigneurs se jouant parmi les flots amers,
On eût dit, par moment, tous les Tritons des Mers
    Jouant avec les Néréïdes !

Comme leur gaieté folle enchantait ces beaux lieux !
Nous cependant, pensifs sur un roc près des cieux,
    L'œil vers le ciel, ou sur l'espace,
Nous suivions du regard, à l'horizon lointain,
La voile qui fuyait comme un songe incertain,
    Ou comme le bonheur qui passe !

Nous rêvions... Vous dès lors, hardi navigateur,
Prêt à forcer les mers par delà l'équateur ;
    Moi, poëte qu'un souffle enlève,
Cherchant à deviner, devant l'onde et le ciel,
Un mot du grand secret, du secret éternel
    Que le flot murmure à la grève.

Mais bientôt le soleil descendit sous les flots,
Le rire des baigneurs expira sans échos,
    le pêcheur regagna la plage ;
Et la Nuit déployant ses voiles à son tour,
Dans son éternité vint engloutir ce jour
    Dont moi seul j'ai gardé l'image !

Nous partîmes. La lune argentait sa clarté ;
Nous entendions la Nuit frémir de volupté

Sous le Zéphir qui la caresse,
Et la Basquaise, à pied, à son chant vif et doux,
Guidant son cacolet, semblait bercer en nous
Tous les songes de la jeunesse!

Eh bien! depuis ce jour, bien d'autres jours ont fui!
Pilote fortuné, tout vous rit aujourd'hui,
Vos vœux ont touché leurs limites...
Moi seul, cherchant toujours un laurier, mon espoir,
Exilé de la gloire, hélas! je viens m'asseoir
Au seuil des portes interdites!

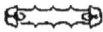

## A L'ARIEL

Gentil Ariel! quand vers la Nive,
Ou vers les saules de l'Adour,
Tu cours léger, de rive en rive,
Guetter le Printemps et sa cour :
Quand, de ton aile qui voltige,
Tu viens lutiner sur leur tige
Les fleurs qui pleuraient ton exil,
Et, le front ceint de primevères,
Sourire aux bords que tu préfères,
Au premier sourire d'avril;

Quand, plus prompt que la jeune abeille,
Ou que l'hirondelle en son vol,

Tu cours vers Marracq qui s'éveille
Au premier chant du rossignol ;
Quand tu reviens, à tire d'aile,
Vers Biarrits qui déjà t'appelle
Sur ses bords de toi si connus,
Pour dire aux jeunes Bayonnaises,
Amour errant sur les falaises
Près des flots où naquit Vénus ;

Beau Sylphe ! à cette chaleur douce
Où Bayonne se rajeûnit,
Parfois, en courant sur la mousse,
Ton pied heurte, en passant, un nid,
Nid de bouvreuil ou de fauvette
Que le vent, du rameau rejette
Quand il allait éclore au jour ;
Et toi, sur la branche élevée
Replaçant soudain la couvée,
Tu la couves de ton amour !

Et tu dis à ta sœur l'Aurore
Qui revient sourire aux mortels,
« Berce ces œufs d'où vont éclore
« Pour toi, de jeunes ménestrels. »
Et tu dis à l'arbre, à la branche
Dont le rideau sur eux se penche
Pour les garantir de l'Autan :
« Du printemps ils seront le lustre ;
« Garde-les bien des mains du rustre,
« Cache-les bien à Caliban ! »

Tu dis, et tu poursuis ta route...
Mais un jour, du haut de ton vol,
Tu vis sous la céleste voûte
Ma Muse qui rasait le sol,
L'espoir d'un peu de bien à faire,
Tu fis descendre de ta sphère ;
Tu vins à moi, plein de douceur,
Et, vers nos frères de Bayonne,
Conduisant ma Muse en personne,
Tu leur dis : « Voilà votre sœur ! »

Et depuis, comme la fauvette
A qui tu rendis ses petits,
Mes airs, pour toi je les répète,
Et toi soudain tu les redis ;
Et tous deux nous allons ensemble,
Épris du nœud qui nous rassemble,
Chantant Bayonne et son beau ciel ;
Heureux de verser dans la lie
Dont la coupe humaine est remplie
Quelque faible rayon de miel !

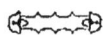

## DEMAIN J'AURAI VINGT ANS !

Vous l'avez dit hier ; oui, ma voix vous l'affirme :
« Demain je serai vieille, et, qui pis est, infirme :

« Jusqu'ici j'ai compté mes jours par mes printemps;
« Mais déjà ma voix baisse et mon œil s'écarquille. »
Et puis, vous avez dit, cherchant votre béquille :
    « Hélas! demain j'aurai vingt ans! »

Vingt ans! et la vieillesse aurait notre anathème!
L'Amour lorgne, en riant, votre extrait de baptême;
Mais l'Hymen, son aîné, qui veille auprès de vous,
Se dit d'un air rêveur, vous voyant vieille fille,
« Puisqu'elle ne sait plus faire un pas sans béquille,
    « Trouvons-lui bien vite un Epoux ! »

Un Époux à Louise! Hymen prends-y bien garde!
Sais-tu bien quel trésor nous mettons sous ta garde?
Sais-tu bien à quel prix il doit être acheté
Quand les vertus du cœur la suivent à la trace,
Et quand elle a pour dot la jeunesse, la grâce,
    Plus belle encor que la Beauté?

Mais songer qu'un Époux, souvent chose éphémère,
Demain peut vous ravir à l'amour d'une mère,
A ce premier amour qui vaut tous les amours;
Mais songer que vos jours, qui sont aussi les nôtres,
Iront fleurir au loin pour le bonheur des autres,
    Vous qui parfumez nos beaux jours!

Ainsi la jeune Fille à son tour sera Mère;
Ainsi vous viendrez boire à notre coupe amère,
A nos espoirs lointains qui trompent si souvent;
Mais si vos beaux printemps s'en vont par la fenêtre,

Au logis tout à coup les voyez-vous renaître
    Près du berceau d'un bel enfant ?

Alors celle qui fut bonne sœur, tendre fille,
Celle qui sut chérir le foyer de famille,
Celle qui nous ouvrit son âme à deux battants,
Dans ses propres enfants se revoyant revivre,
Se dira, mais tout bas, qu'on est heureux de vivre
    Quand bien même on n'a plus vingt ans !

Ainsi ce feu sacré, ce flambeau de famille
Se transmet ici-bas, passant de mère en fille ;
Ainsi les cœurs unis n'en forment bientôt qu'un :
Sur ce buisson en fleur regardez cette rose !
Ce n'est pas tous les jours la même fleur éclose,
    C'est toujours le même parfum.

Pourtant n'espérez point, malgré vos vertus même,
Echapper à jamais à cette loi suprême
Qui veut que le cœur souffre et se heurte au malheur ;
Celui qui parle ici, saurait que vous en dire...
Mais n'allons pas mouiller de pleurs votre sourire
    Qui nous fait tous croire au bonheur.

Telle est la loi pourtant ; tout s'effeuille, tout passe ;
Mais si notre bonheur enfin manque d'espace,
Si nos premiers beaux jours sont nos plus doux instants,
Plus tard vous rappelant un passé plein de charme,
Vous direz-vous parfois, en séchant une larme ?
    « Hélas ! alors j'avais vingt ans ! »

# ARMAND CARREL

Comment vit-il couper la trâme
Des jours qui lui furent comptés,
Celui qui n'abreuva son âme
Qu'aux sources de nos Libertés.
Celui qui fut notre Messie,
L'Ajax de la Démocratie
Que son bras seul put rallier,
Qui, des Rois bravant la colère,
Couvrait tout le Camp Populaire
Comme d'un vaste bouclier?...

O muets rameaux de Vincenne,
Pourquoi ces apprêts à l'écart?
Quelle est donc cette horrible scène
Qui se déroule à mon regard ?
Deux Rivaux, deux Amis du Peuple,
Qu'un instant de colère aveugle,
Vont jouer leurs jours sans remord !
Et les témoins de leurs vengeances
Ont déjà mesuré les chances
Sous l'œil terrible de la Mort !

Arrêtez, cruels ! la Patrie
Qui court se jeter entre vous,
Vous montre son sein et vous crie :
« C'est moi que vont frapper vos coups !

« Est-ce à vous d'oublier ma cause ?
« Ce sang généreux dont dispose
« Ou votre haine, ou votre orgueil,
« Quand moi seule ai droit d'y prétendre,
« Allez-vous ainsi le répandre
« Pour un geste, ou pour un coup d'œil ?

« Arrêtez!... » C'en est fait ! leur foudre
Soudain éclate avec l'éclair !
Tous deux sont tombés dans la poudre
Sous le plomb qui siffle et fend l'air !
L'un, frappé d'une main trop sûre,
Mourant déjà sous la blessure
Qui doit le conduire au cercueil ;
L'autre, qui doit survivre encore
Pour pleurer ce jour qu'il abhorre,
D'un pleur égal à ce grand deuil !

Hélas ! ce vaillant qui succombe
Le regard tourné vers le ciel
Qui s'arrête au bord de la tombe
Avant de mourir... c'est Carrel !
Carrel qui, plus fort qu'Archimède,
Aurait pu soulever sans aide
Le Monde au bout de son levier,
Et qui, demain froide poussière,
Ne pourra soulever la pierre
Qui va le couvrir tout entier !

O jour affreux ! moments suprêmes !
Rappelez-vous encore ce deuil,

Quand les divers Partis eux-mêmes
Vinrent pleurer sur ce cercueil !
Quand le chantre inspiré d'Eudore (1),
Près de ce front si jeune encore
Cachant ses larmes dans ses mains,
Montra l'antique Monarchie
Inclinant sa tête blanchie
Devant le dernier des Romains !

Carrel ! qu'il doit être terrible
Ce dernier sommeil du trépas,
Puisque ta grande âme invincible
Depuis, ne se réveilla pas !
Ah ! quand la Liberté succombe,
Carrel ! dors en paix dans la tombe,
Dors en paix, soldat valeureux !
Tous nos regrets au moins t'y suivent...
Eh ! qui sait si ceux qui survivent,
Ne sont pas les plus malheureux !

### LA NAISSANCE DE CYPRIEN DESPOURRINS.

« Cyprien Despourrins naquit, en 1698, dans le petit village d'Ac-
« cous (vallée d'Aspe). Son père avait épousé Gabrielle de Miramont.
« C'est dans la vallée d'Argelès que Cyprien Despourrins, leur fils,
« composa ces délicieuses chansons qui se conservent par tradition
« dans les Pyrénées. »

Humble Accous ! sur tes murs n'éclate point le jaspe ;
Mais le ciel te sourit dans ton frais vallon d'Aspe ;
Mais d'un charme rêveur tes bosquets sont empreints ;
Mais le zéphir, ami des simples toits de chaume,

(1) Chateaubriand.

Est le seul courtisan de ton petit royaume
            Où tu vis naître Despourrins !

Humble Accous ! de ce jour gardes-tu la mémoire,
Quand sa muse, en naissant, te dévoilant sa gloire,
Vit tressaillir d'orgueil tes bois et chaque mont,
Et que tous les pasteurs, sortant de leur chaumière,
Vinrent, pour voir l'enfant, saluer, dans sa mère,
            Gabrielle de Miramont !

Sa mère, à leurs regards, languissante et ravie,
Tendant au bel enfant ses deux sources de vie,
L'y regardait puiser, d'un air tranquille et doux ;
Et le souffle embaumé de ses lèvres vermeilles
S'élevait plus léger que le bruit des abeilles
            Qu'on entend voler vers Médoux !

Mais quand la nuit couvrit le vallon solitaire,
Que l'astre au front d'argent, ramenant le mystère,
Sur ce berceau naissant vit dormir ses rayons,
On dit que, vers l'enfant, l'essaim voilé des Fées,
Agitant dans les airs de magiques trophées,
            Descendit du Pic de Bergons.

Et leur troupe, à l'envi, se penchant vers sa couche,
Lui souriant tout bas des yeux et de la bouche,
En mots pleins de douceur semblait l'entretenir ;
Puis, toutes se taisant, la plus jeune d'entre elles,
Sur l'Enfant qui sourit, ouvrant ses blanches ailes,
            Lui dit ces mots de l'Avenir.

« Enfant ! repose en paix ! nous sommes tes marraines !
« Nous quittons, pour te voir, nos grottes souterraines,

« Apportant dans nos mains la joie ou la douleur...
« Salut ! doux rossignol, promis à nos montagnes !
« Nous parons ton berceau des fleurs de nos campagnes,
  « Et nous t'amenons le bonheur !

« Que cet hôte riant, toujours libre d'entraves,
« Soit ton guide partout; sur nos monts, vers nos Gâves,
« Dans nos bois où la Muse ira t'égarer seul ;
« Et quand tes pas distraits viendront fouler nos mousses,
« Nous te murmurerons nos chansons les plus douces
  « Du fond de nos lits de glaïeul ;

« Afin qu'à l'Etranger, nos belles Pyrénées,
« Du fond de leurs hameaux redisent, étonnées,
« Quels sons tu sus tirer d'un rustique hautbois ;
« Comme, aux bords d'un ruisseau, la bergère naïve,
« S'étonne tout à coup que l'écho de la rive
  « Soit plus doux encore que sa voix !

« Mais déjà tu saisis ton luth facile et tendre...
« Quel essaim de bergers s'approche pour l'entendre !
« Quel cercle autour de toi de riants capulets !
« Vois ! leur groupe attentif que ta voix seule attire,
« Recueille chaque note, afin de la redire
  « A tous les échos d'Argelès !... »

Ainsi chanta la Fée... et le jour vient d'éclore.
Et quand la jeune mère, aux lueurs de l'aurore,
Accourut vers l'Enfant, pour charmer ses douleurs,
L'Enfant dormait toujours, le sourire à la bouche,
Et sa mère étonnée, aperçut vers sa couche,
  Un luth caché parmi des fleurs !

## ENVOI

<small>AU DIRECTEUR DE L'ARIEL.</small>

O vous, Ami! vers vous, quand ces stances nouvelles,
Comme le jeune oiseau qui sent naître ses ailes,
S'envolent, pour chanter au loin sous votre ciel,
Songez, quand votre accueil les flatte et les attire,
Que ma muse pour vous garde, avec son sourire,
  Toutes ses chansons et son miel!

## UN SOUVENIR D'ADOLPHE NOURRIT
### A M. Gueymard du Grand-Opéra.

Vous Gueymard! vous que le théâtre
Proclame entre tant de rivaux!
Vous que tout Paris idolâtre,
Couvre de fleurs et de bravos!
Vous qui bercez, aux feux du lustre,
Tout ce qu'on voit de plus illustre,
Tout ce qu'on rêve de charmant;
C'est vous qui, cherchant ma retraite,
Venez au foyer du Poëte,
Pour le remplir d'enchantement!

Ainsi, loin des bruits de la ville,
Votre émule, le rossignol,
Fuyant toute entrave servile,
Sous les bois vient cacher son vol;
Ainsi cherchant la solitude,
Sa voix, sans gêne et sans étude,

Se confie à l'écho du lieu ;
Et ne convoque à ce mystère
Que quelque Rêveur solitaire,
Qui l'écoute sous l'œil de Dieu.

Mais souvent, dans la double extase
De son art et de ses transports,
L'oiseau qui module sa phrase,
Fait jaillir accords sur accords.
Les bois tressaillent sous leur voûte !
Le Silence ravi, l'écoute !
Chaque son monte plus touchant !
Il chante toujours... Et l'Aurore,
Dans son âme qui s'évapore,
Vient recueillir son dernier chant !

Tel fut Nourrit, le grand artiste !
Nourrit, si célèbre entre tous !
Nourrit, dont le nom seul attriste,
Et qui fut chéri... comme vous !
Tout Paris, que sa voix enchante,
Lui criait toujours : « Chante ! chante ! »
En le portant sur le pavois ;
Mais le pauvre chanteur lui-même,
Victime de son art qu'il aime,
Un jour ne trouva plus sa voix !

Gueymard ! peignez-vous sa souffrance !
Quelle nuit, après tant d'éclat !
Il s'éloigne ; il veut fuir la France,
Il veut fuir un public ingrat !

Il part, il fuit vers l'Italie!
Mais ce beau ciel, où l'on oublie,
Pour son cœur n'a plus rien de beau...
Hélas! d'un destin si funeste,
Voulez-vous connaître le reste?
Lisez son nom sur ce tombeau!

Gueymard, plus que lui soyez sobre
D'une voix aux sons enchanteurs;
Le Public Français est un Ogre
Qui dévore tous ses chanteurs.
D'abord, on vous prône, on vous flatte;
Puis un jour, cette foule ingrate
Vous jette en proie à vos douleurs...
Telle est trop souvent votre histoire!
De Nourrit vous aurez la gloire;
Ah! n'ayez jamais ses malheurs!

Mais quittons ces pensers funèbres...
Trop prévoir, désenchante, aigrit;
Pourquoi vous montrer les ténèbres,
Quand le jour brille et vous sourit?
Voyez, au foyer du Poëte,
Tous les Sylphes de sa retraite,
Près de vous déjà s'égayer;
Et ma Muse prendre sa Lyre
Pour payer vos chants qu'on admire,
Si mes vers pouvaient les payer!

# UNE PAUVRE DÉLAISSÉE

Avez-vous vu parfois, loin de la fange immonde,
Du carrefour banal qu'on appelle le Monde,
Une Vierge à l'œil pur qui chemine à l'écart?
Son front rougit d'abord, dès qu'on cherche à la suivre;
Et vous lui jetteriez l'Aumône qui fait vivre,
    Sans la fierté de son regard.

Le cœur la comprend mieux que l'œil ne la devine;
Son abord dit pourtant sa naissance divine;
Elle parle, et sa voix n'est qu'ambroisie et miel!
Elle rêve, et son œil que rien d'humain n'altère,
Se détourne aussitôt des choses de la Terre
    Pour ne regarder que le Ciel!

On voit, au fier dédain qui relève sa bouche,
Quelle saurait venger l'outrage qui la touche;
Mais toujours indulgente aux Mortels malheureux,
Sous son laurier, souvent sillonné par la foudre,
Elle préfère encore les plaindre et les absoudre,
    Et ses pleurs sont toujours pour eux.

Se recueillir en elle est sa plus douce étude;
Son âme est son trésor; son Dieu, la solitude.
Elle chante parfois, une Lyre à la main;
Et le Riche au cœur dur, et l'Étourdi frivole,
Se la montrant du doigt, se disent: « Elle est Folle! »
    Et tous deux passent leur chemin.

Mais au cœur tendre et fier sa beauté se révèle;
Même après trois mille ans, elle est toujours nouvelle;

Elle chante, et le cœur n'est plus dans l'abandon !
C'est elle qui d'Homère a porté la besace ;
Elle qui, dans les fers, vint soulager le Tasse,
    Elle qui consolait Milton !

O pauvre Délaissée ! accours vers ma retraite !
Accours ! Et s'il te faut, au foyer du Poëte,
Une âme qui s'enchante à voir couler tes pleurs,
De tes Morts immortels tu me diras l'histoire,
Heureux si je pouvais aspirer à leur gloire,
    Au prix même de leurs malheurs !

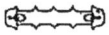

## LE ROUET

Eh ! quoi ! dans votre belle aurore,
Dans l'âge des enchantements,
Votre cœur s'est épris encore
Du Rouet de nos Grands-Mamans !
Et quand, sur le clavier mobile,
Vous pourriez d'une main habile
Conquérir soudain nos bravos,
Vous demandez à la quenouille,
Au fuseau que votre doigt mouille,
Un bonheur simple et sans échos !

Courage, aimable Fileresse !
Le travail, c'est la loi de Dieu ;
Le Monde, avec sa folle ivresse,
Vaut-il la paix du coin du feu ?

Voyez, dans ces noirs sarcophages,
Qui nous font remonter aux âges
De Clovis et de son berceau ;
Que voit-on sous la tombe ouverte
D'une Clotilde ou d'une Berthe ?
Un sceptre à côté d'un fuseau.

Sans doute que, du rang suprême,
Rien n'aurait pu les alléger,
Si leur quenouille, d'elle-même,
N'eût fait leur sceptre plus léger ;
Aussi, sur leur saint Oratoire,
Au bruit de leur Rouet d'ivoire,
Elles voyaient le Ciel s'ouvrir ;
Car, sous la bure, ou sous la soie,
Au travail qu'on fait avec joie,
On voit les Anges accourir.

Vous qui n'avez sceptre ni trône,
(Le trône, hélas ! a peu d'appas,)
A tant de vanités qu'on prône,
 Dites toujours : « On n'entre pas ! »
Filez ! filez ! ô jeune Fille !
Jamais le fuseau ni l'aiguille
N'ont compromis de jolis doigts ;
Le Bonheur est un hôte étrange ;
Pour peu de monde il se dérange ;
Il doit venir à votre voix !

Mais quand ces rimes fugitives,
Vont mourir dans l'écho d'un son,

Vous voulez que, dans vos archives,
Ma Muse inscrive aussi son nom?
Vous le voulez? Ma main hésite;
Mais quand la bonté sollicite,
Je signe, et ce m'est trop d'honneur;
Attendant, qu'au bout du volume,
L'Hymen aussi prenne la plume,
Pour signer à votre bonheur.

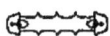

## LES CAGOTS DES PYRÉNÉES

O Monts Pyrénéens! monts riants et sublimes!
Que de fois l'Étranger, égaré sur vos cimes,
A senti de pitié tout son cœur s'émouvoir,
Quand, de vos bois muets où l'ours a son domaine,
Il voyait tout à coup, comme une forme humaine,
      Sortir et se mouvoir!

Ah! ne redoutez rien de ces spectres livides;
Du sang du voyageur ils ne sont pas avides;
Non: de tous leurs malheurs leurs cœurs sont innocents:
Approchez! leur destin vaut bien qu'on le médite,
Car vous voyez en eux une race maudite
      Par deux fois six cents ans!

Hélas! naguère encor, des hameaux et des villes,
Proscrits et rejetés aux rangs les plus serviles.
La Loi même eût rougi d'admettre leur aveu;
Et quand l'airain au temple appelait la contrée.

Une porte, à l'écart, dérobait leur entrée
      Dans la Maison de Dieu.

Leur contact flétrissait; leur nom était infâme;
Le mépris pour leur corps frappant jusqu'à leur âme,
La pitié, pour eux seuls, ne trouvait plus d'échos;
Et le pâtre hautain qui rencontrait leur trace,
Joignant d'abord l'insulte au mépris pour leur race,
      Leur disait : « Chiens de Goths ! »

Les voilà donc ces Goths, ces conquérants de Rome,
Qui balayaient les rois de royaume en royaume,
Quand l'univers dompté fléchissait devant eux;
Les voilà, dans leurs fils, ces Parias du monde,
Plus vils, plus dégradés, que l'animal immonde
      En horreur aux Hébreux!

Ainsi les nations, comme nous, ont leur tombe!
Ce qui naît doit mourir; l'un grandit, l'autre tombe,
Jusqu'à ce que la Mort reprenne son niveau;
Et qui sait si l'Europe, ainsi que l'Ancien-Monde,
Ne verra pas un jour le Nord, qui déjà gronde,
      L'engloutir de nouveau !

Ah! par l'Humanité qui parle et qui vous crie,
Heureux Pyrénéens ! rendez une patrie
A ces infortunés, triste objet de dégoûts...
Ne serons-nous jamais que tyrans ou victime,
Nous, enfants égarés de cette loi sublime
      Qui nous dit : « Aimez-vous ! »

Mais déjà des hameaux la pitié les rapproche;
L'orgueil, près d'eux, s'efface, ou retient tout reproche;

Et l'Église, rouvrant les verrous du Saint-Lieu,
Les reçoit sous son aile, où son esprit repose,
Ainsi qu'une couvée également éclose
    Sous l'œil du même Dieu.

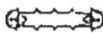

## LA SIRÈNE DE BIARRITS

  Mais quelle voix tendre et secrète
  Comme un soupir de la beauté,
  O Biarrits ! de nouveau m'arrête
  Aux bords de ton golfe enchanté ?
  Tes bords ont-ils une Sirène
  Dont la voix soudain nous entraîne
  Dès qu'une fois on l'entendit,
  Pour que l'aile de ma pensée
  Revole vers toi, plus pressée
  Que la colombe vers son nid ?

  Et cependant, comme Bagnère,
  Ma belle nourrice à dix ans,
  Ton ciel n'a pas, à sa lumière,
  Caressé mes beaux jours naissants ;
  Ni, comme aux plaines du Bigorre,
  Où tout mon cœur revole encore,
  Fidèle à son premier élan,
  Ton flot, que je cherche à comprendre,
  Si doux qu'il soit, n'a pu me rendre
  Mes doux souvenirs de Campan !

Mais ta vague qui se marie
Au bord par ta vague aplani,
A mon cœur parle de patrie,
A mon âme de l'infini.
L'infini, c'est pour le poëte
Le miroir profond qui reflète
Les jours par delà notre jour ;
Et puis Biarritts est le domaine
De Bayonne, ma belle reine,
La belle reine de l'Adour !

www.ingramcontent.com/pod-product-compliance
Lightning Source LLC
LaVergne TN
LVHW050620090426
835512LV00008B/1573